U0897002

与孩子共享自然

[美] 约瑟夫·克奈尔／著　郝冰／译

九州出版社
JIUZHOUPRESS

图书在版编目（CIP）数据

与孩子共享自然 / （美）克奈尔著 ； 郝冰译. -- 北京 ： 九州出版社，2014.9（2025.6重印）
ISBN 978-7-5108-3270-3

Ⅰ. ①与… Ⅱ. ①克… ②郝… Ⅲ. ①游戏－儿童教育－家庭教育 Ⅳ. ①G78

中国版本图书馆CIP数据核字（2014）第222936号

与孩子共享自然

作　者	［美］约瑟夫·克奈尔　著　郝　冰　译
出版发行	九州出版社
责任编辑	陈春玲
地　址	北京市西城区阜外大街甲 35 号（100037）
发行电话	（010）68992190/3/5/6
网　址	www.jiuzhoupress.com
印　刷	固安兰星球彩色印刷有限公司
开　本	880 毫米 ×1230 毫米　32 开
印　张	5.375
字　数	45 千字
版　次	2014 年 11 月第 1 版
印　次	2025 年 6 月第 12 次印刷
书　号	ISBN 978-7-5108-3270-3
定　价	38.00 元

写在书前

爱美是人的天性，爱自然也是人的天性，自然是一切美的源泉。没有孩子会生来不爱树林、池塘、草地，不爱野花和小鸟。如果他们漠然，那是现代城市生活对童心的扭曲。

爱动，爱嬉戏是孩子的天性，是社会交往的开端。孤独的孩子像失群的动物，心灵在受着折磨。

让孩子们，特别是城里的孩子们回到自然中去，重新亲近大地，带领他们在自然里做游戏，去体验人与人、人与自然以及自然本身应有的和谐与平衡，这不仅是为了环境教育，也是对稚嫩心灵的抚爱和陶冶。

从事环境教育的老师一定爱孩子，更爱养育着地球上所有孩子的大自然。带着他们，去共享自然赋予我们的一切美好、愉悦与安宁吧。在孩子心中播撒绿色的种子，将是我们对自然的最好回报！

自然之友创会会长　梁从诫

推荐序

翻开这本书，映入眼帘的都跟游戏有关：如何带领孩子（或是被孩子带领着）在自然中进行各种各样的游戏，还有这些游戏可以有多少人玩，要分几个步骤，要在什么地方玩，怎样玩才有趣，要准备什么样的道具等。有的游戏会要求我们用感官来观察自然之美，比如“照相机”；有的则来源于自然中的知识，如编织“生命之网”，还有模拟一棵大树的结构等。但所有的知识，都是以体验式游戏的方式来“教授”和“学习”的。游戏的目的，并不是让参与者记住了多少“知识”，而是帮助人们在自然中快乐地体验和玩耍，并建立起与自然的“情谊”。

也许有人会说，“玩儿”还需要教吗？我们不是从小就在玩儿吗？是的，看上去现在的孩子也在玩儿，但是他们的玩耍已经和电子产品的联系更加紧密，而离自然越来越远。现在的儿童，尤其是城市中的儿童，跟自然的接触越来越少，这也是最让我们忧心的事情。我们这一代人小的时候，还是有机会接触自然的，那时候的城市周边还有很多树林、水塘、山坡等等被称作“荒地”的地方，可以成为孩子们嬉戏玩耍的乐园。随着“荒地”的消失，现在城市中的新一代，已经越来越多地习惯于人工环境或室内环境，到自然中去玩耍的时间越来越少。这种情况被理查德·洛夫称作“自然缺失症”。他认为“自然缺失症”会让“这一代孩子远离大自然，并带来儿童肥胖症和更多的儿童心理疾病。如儿童情绪上的抑郁、愤怒、孤独，甚至感统失调、多动症、孤独症等也会增加。”另一方面，“孩子们更喜欢室内，在自然环境中反而会手足无措、感到无聊，丧失了与自然亲近的本能。远离自然成长的孩子几乎不知道食物是哪里来的，也更难理解环保的重要，地球的未来让人担忧。”

如果更多的家长和教育者能够认识到，儿童与自然的接触不仅是“玩玩儿”而已，而是儿童成长过程中不可或缺的一部分，那么我们也能明白《与孩子共享自然》并不是一本“看看就好”的书。每个孩子的成长、学习、体验、喜好、选择、价值观，都离不开成年人的引领、指导、分享和鼓励。书中的每一页、每句话，都在向家长们和教育者呼唤：快带孩子们出去玩儿吧！快让他们到自然中去跑、去看、去听，去探险、去笑闹、去欢叫！快让他们爱上自然中的无穷乐趣吧！不要等到太晚，发现孩子们只愿和电脑、电视、手机为伴，就此错过本应与自然亲近的童年。

自然之友
FRIENDS OF NATURE
2013 年 3 月

序　言

第一次与约瑟夫·克奈尔见面是在俄亥俄州的代顿火车站，他刚从加州过来，要到国家奥杜邦协会霍尔伍德中心做13周的自然培训。凌晨2点我抵达车站，一眼就看见约瑟夫仰面躺在站前的三角草地上，在美丽的夜空下休息冥想。见我来，他立刻跳起来，以他特有的热情向我问好。我们之间的令人心动的友谊从此开始。

霍尔伍德的人都被约瑟夫的天真和对自然的热爱征服了。在户外，他如此自在：和树说话，带着爱抚摸它们。是的，他甚至会拥抱树。他有着孩子般的童真，对他来说地球既美丽又神秘。他喜欢和孩子们在一起，他无拘无束、充满快乐，允许身边的孩子们成为各自真实的自我。他在高高的草丛中玩印第安游戏、爬树，做各种孩子们喜欢的事。和孩子一起玩时，他对自然的洞察和感悟不断加深。在霍尔伍德期间，约瑟夫写了一篇关于环境游戏的文章，我们至今在老师和崇尚自然的青年人中都还在使用；本书也是他先前努力的成果。

在当下这个人口过剩、高消费的时代，努力让人保持与地球的和谐是非常重要的：因为地球有她的自然节奏，有她的季节更替，也有她的美丽和神秘。事实上，教人们懂得珍惜地球之美，和懂得去爱，是永无止境的。

亨利·大卫·索瑞曾写过：“地球应该更多地被欣赏，而不是被利用。”蕾切尔·卡逊在其《感悟奇迹》一书中强调，把孩子带入到自然世界时，“感受它远比了解它重要”。这正是本书的精神。约瑟夫的这本书意在指导成人如何帮助孩子们更多地认识世界，使他们在和自然接触的过程中心灵得到升华。

国家奥杜邦协会霍尔伍德中心负责人

小波尔·E努甫

作者前言（一）

花开得美，天高任鸟飞的恩宠，风在林间的呼啸……在生命的倏忽间，大自然以其独特的方式触动着我们每一个人。自然以其神秘与纯粹的美，启示着我们生命的伟大！

我从来不曾低估与自然接触，并融入其中那一时刻的价值。我从自己和他人的经验中得知：我们对自然深度探索的体验中，更真切地感知了自然界的奇幻与曼妙。

本书的游戏是我多年在辅导孩子觉知自然的过程中收集和创作的。我想帮助孩子们从中获得力量，因为大自然是我们的母亲，她的教导对于成长中的孩子具有特别的价值。这也就是本书的目的：用自然激发喜悦、快乐的洞察与体验。

有些人具备科学、逻辑的思维，有一些人对美与和谐更为敏感，还有一些人则醉心于永恒的哲学真理。本书中的 50 个游戏为各种性格的孩子以及成人打开一扇通往自然的窗户。每一个游戏会创设一种情境，一种体验。每个游戏都出自“自然老师”之口，但时而如科学家般滔滔不绝，时而像艺术家或神秘主义者般喃喃细语。

第一类游戏使我们的身心与自然环境保持和谐，随之营造出安静、深思的气氛。(千万别认为“安静” 的游戏等同于无聊。我看到许多游戏者从中体验到了平静和灵性，以至于多年以后他们仍念念不忘，每次想起这些游戏时，他们总能从中获取新的力量。)

有些游戏引领我们洞察自然规律。例如，解释生态系统的原理——通过游戏，我们充满热情地去表演、直接去感受自然循环过程，而不是课本上枯燥的说教。孩子们通过体验式学习，对这些概念有了深刻理解和记忆。

还有的游戏能够让我们细腻的情感与自然的某些特性呼应——她的平静与美丽，她的力量与庄严，她的神奇与壮观。通过触觉、嗅觉、味觉、视觉我们可以与自然直接交流。

有一些游戏纯粹为了好玩，在树林中，深草丛里，夏日繁星闪耀的天空下，孩子的童心与热情会自然流露。身为成人，我们常常珍藏童年的回忆，那是因为它拨动着我们的心弦。

我很高兴能为你和你的孩子献上这些“体验大自然”的游戏。带着敏感和快乐的心去做这些游戏，你一定会从与自然的真善美的互动中，获得能量与美妙的感受。

约瑟夫·克奈尔

1978 年 11 月 13 日于加利福尼亚州内华达城

作者前言（二）

我至今还记得 20 世纪 70 年代当我开始从事自然教育的时候，发现这些自然游戏是多么生动而有效。每当我在教自然游戏时，看到它使人们获得直接的自然体验，我为此而感动。

我之所以写《与孩子共享自然》这本书，是因为我从心底里想让更多的人了解这些奇妙的游戏，这种令人激动的教学方式。该书自 1979 年出版后，看到成千上万的人和我秉承同样的信念，带着同样的热情实践这些自然游戏，我感到幸福。

自从 20 年前第一次将这些游戏付诸笔端后，我也从广大的读者来信中获得了很多有价值的反馈。今年出版发行 20 周年纪念版，正好给我一个机会，增加 8 个新的游戏，并对原来 42 个游戏里的 20 个游戏进行改写。

今天，几乎每个国家的家长和老师都在用《与孩子共享自然》。它已被翻译成 15 种语言和文字，并且在日本、巴西、德国和英国还有名为“与孩子共享自然”的团体。其中日本的团体拥有 6000 名会员，他们当中有教授、老师、自然工作者，传播分享自然的理念和方法。“全球共享自然”机构成立于 1997 年，旨在把全世界热爱自然的人团结在一起。

人们经常问我，“与孩子共享自然”的游戏能否融入其他国家的文化背景。实际上，我发现几乎不需要做什么改动。1986年当我第一次在日本举办研讨班时，人们说这些活动是“日式”的；去年我在瑞典，人们告诉我：“它们极具瑞典风格。”

为什么《与孩子共享自然》这样受欢迎呢？我认为除了用充满创造力的方式讲述生态学知识外，这些游戏能让人们充分体会在自然中的喜悦、宁静。

在此我衷心地祝愿你们，当你和朋友，无论他们是大人还是孩子，当你们一起玩这些游戏时，都能体会到美和神奇。

约瑟夫·克奈尔

1998年2月于加利福尼亚内华达城

目录

如何成为一名优秀的自然向导

对于优质教学的几点建议

在开始和孩子融入自然之前，先花点时间考虑一下我们作为老师或向导的作用。如果我们希望为孩子和自己带来一段快乐而有收获的时光，应该有哪些基本的原则？

我想和你们分享户外教学的五个原则。它们帮助我和精力充沛、活泼好动的孩子相处，引导他们不要调皮捣乱，而是在自然的美与真纯中获得更大的满足。这些原则的目的是让教师尊重孩子和敬畏自然。教师的这种态度，也必然会被孩子们传承下去。

1. 少说教，多分享。除了告诉孩子们有关自然的基本常识（如“这是一棵铁杉树”）之外，我愿意和孩子谈论此时此刻我对于这棵树的存在所产生的感受。我会告诉他们，我对这棵长在和阿尔卑斯山脉同海拔高度的杉树充满敬意，此地夏天缺水，冬天冰冻，树枝在凛冽的寒风下扭曲、变弯、枯干。我还告诉他们，我总是想知道：铁杉是如何在坚硬的岩缝中扎根，并吸取足够的养分维持生存的。

相比课上的解读，孩子们对我的观察反应更为强烈。以我教学营地附近一棵铁杉树为例，这棵铁杉树很特别，它长在两块巨大的岩石中间，因此它不得不长出七八米长的根，一直深入到岩石下面的土壤中。当时它至少有 200 岁了，但是只有两米高。孩子们从外面徒步回来时，通常会绕个弯，用水壶里剩下的水来浇这棵树。有几个孩子每年来营地，专门来看这棵在艰难的环境下顽强生存的铁杉。他们来到营地，第一件事就是跑出去看铁杉如何挨过了干燥的秋天和寒冷的冬天。他们充满爱的关注唤醒我对这棵铁杉更深的敬意。

我相信对于成年人,能和孩子分享内心世界是非常重要的,只有通过分享深层的思想与情感，才能在交流过程中激发孩子们对地球的热爱与崇敬之心。当我们把自己的想法和感受与孩子分享时，他们就会得到鼓励，探求自己的感受与见解。这样一来，就会在成人与孩子之间建立起美妙的信任与友情。

2. 接纳。接纳意味着倾听与了解。在与孩子的相处过程中，能培养出这种难得的“接纳”。户外活动会自然激发孩子们的热情，这时你就可以巧妙地把孩子的热情引向学习。

每个问题，每种议论，每次快乐的惊叹，都是师生沟通的良机。对孩子当时的心情和感受做出回应，顺着孩子们的好奇心培养他们的兴趣。你会发觉，一旦你尊重孩子的想法，你们之间的相处就会变得轻松而又愉快。

身处大自然，觉察其中，总会有令人兴奋或有趣的事。如果你足够敏锐，你的课程计划会随着自然的变化浑然天成。

3. 尽快集中孩子的注意力。开场就要尽快营造出适合游戏的气氛。通过提问、指点有趣的景象或声音，尽可能让每个人参与进来。有些孩子不习惯在近距离观察自然，所以你得找到他们的兴趣点，一点点地引导他们集中精力观察自然，还要让孩子感受到他们的发现让你觉得很有意思。

4. 观察、体验，然后说出你的感受。有时自然界中的一些景象会令孩子全神贯注：一只刚刚诞生、血液缓缓充盈柔嫩的翅膀的昆虫，在林间空地独自吃草的小鹿……即使没有出现这类特别的景象，孩子们也能通过细致的观察化平凡为神奇。总之，孩子们对他们所观察到的东西有种不可思议的专注能力，孩子们有种神奇的能力，能把他们看到的一切吸纳。与环境相互融合的亲身体验，远比听二手演讲能给孩子带来更深入的理解，孩子们很少会忘记直接的体验。

不必为不知道动植物的名字而感到难为情。名字只是生命或事物本质外在的一个标签而已。正如你的名字无从说明你的本质、容貌和个性，一棵橡树的内涵远比它的名字和一串相关的事实丰富得多。如果你在一天的不同时段，随着光线的变化观察橡树，会更深层地欣赏这棵树。从不同的角度观察、感觉——闻闻树皮和树叶，静静地坐在它的伞盖下或枝条上，你就能觉知树上、树周围以及依赖于树生存的各种生命。

看一看，问问题，猜一猜，乐在其中！当孩子开始与自然有了共鸣，你和孩子的关系就由师生变成了共同探索自然的伙伴。

5. 教学中充满快乐。无论是欢呼雀跃的游戏，还是安静的体验，快乐都不可缺少。如果你能一直都很快乐并充满热情，孩子们自然而然就会被吸引。记住，你自己的热情是最富感染力的，并且是作为教师的最大财富。

选择与时间、地点相应的游戏

本书的自然游戏会教给孩子们许多东西，有些显而易见，有些不易觉察：可以从培养孩子们的某种个性的角度选择游戏；可以选择游戏教给孩子某些特定的概念；可以选择恰当的游戏活跃教学氛围；也可以用某个游戏激发孩子们的活力。简便起见，我在每个游戏前都加上了一个快捷图标，如下所示。

A. 直接体验
B. 吸引鸟类、同情、耐心
C. 日夜皆可，森林或灌木丛
D. 每组 1~3 人
E. 7 岁以上
F. 素色毯子和棍子

标志性动物的解释如下：

水獭代表“活力／玩耍”，激发热情。

水獭整天都在嬉戏，是惟一长大后依然玩个不停的动物，是野趣洋溢的自然化身。

乌鸦代表“活泼／观察”，直接体验。

乌鸦是极为机警、聪明的淘气包，总是敏锐地观察事物的变化。

熊代表“安静／沉思”，集中精力。

熊是非常小心的动物，过着平静的独居生活，这种特质使熊成为深度体验自然的最佳代表。

海豚代表“反映／分享”，分享情感。

海豚是群居的、无私的动物，能互相合作，彼此关心，并表现出对其他生命的关注。海豚生动形象地表达了分享与助人的优秀品质。

A. 游戏所体现的概念、态度及品质；

B. 游戏的时间和地点；

C. 参加人数；

D. 适合本游戏的最佳年龄段；

E. 游戏所需材料。

按顺序玩这些游戏效果会更好。比如，开始你可以玩有意思的水獭游戏，引起孩子们的兴趣；接着进行乌鸦游戏，帮助孩子集中注意力；当孩子们都聚精会神的时候，他们能够更敏锐地体验熊游戏；海豚游戏将是一个完美的结尾，因为这样可以鼓励所有的孩子分享彼此的感受。

第一章 亲近自然

很多年前在俄亥俄州，一个户外教育营地组织孩子做了一次非常特别的徒步旅行。那天，我的身份更多是参与者，而非领队。每当想起这次外出我都觉得十分快活。向导带给我们许多新奇生动的体验，所有参与者因此和自然有了一次崭新、深入、亲密的接触。

大多数孩子长这么大头次见常绿林，而这一次我们能看到俄亥俄州南部罕见的松林（这片松林是多年前植物园种植的科研实验林）。孩子们都很兴奋，我们的自然向导熟练地引导着精力充沛的孩子，共同地体验了动人的森林之旅。

首先，她把我们带到一个圣诞树林场，手臂一挥，眼睛里闪着光，郑重其事地大声宣布："这就是松树林！"拖着懒洋洋的脚步，孩子失望地抱怨着：这些树也不比我们高多少呀！

然后，她把我们每个人的眼睛都蒙起来，带着我们穿过一

片阳光灿烂的落叶林。不一会儿我们听见小溪潺潺的流水声和向导的声音:“前面有座小桥，很窄，所以一次只能过一个人。”第一个孩子开始过桥了，接着就响起尖叫声和笑声。桥这边的人紧张地等着，不知道等着我们的是什么。

轮到我了。我摸索着向前，小心翼翼地向桥上迈出了第一步。啊哈！怪不得大家会不停尖叫，这座桥不仅腾云驾雾般地左右摇摆，而且还不停地上下颤动。木块与绳索在脚下嘎吱作响，水从下面很深的地方流过。桥那头，许多双小手鼓掌欢迎我。原来孩子们都摘下了眼罩，看着我过桥。此刻，我也摘下了眼罩，映入眼帘的是一座看上去非常安全的吊桥，扶栏已经磨得发亮了。

我们蒙上眼睛继续前进。走了一阵儿，发现脚下的声音变了，不再是落叶的咔嚓声，而是轻柔、低沉的沙沙声。接着，

我们走进了一片阴影，四周一片宁静，偶尔听到鸟鸣，微风中草叶全无声息。一个孩子打破宁静，问道：“我们这是在哪儿？”

向导说：“躺下来，感觉一下，这个地方有什么特别之处？”

我们躺了很久，体验那份深沉的宁静。终于，向导让我们摘下眼罩。眼前的景象令我一震：绵延如海的针叶林耸入云端。我的精神随之飞扬，敬畏与赞美之情油然而生。我从来没有用这种方式看过森林！孩子们被完全征服了。最后，我们都坐了起来，互相凝视着，默默地分享着这份惊喜与神奇。我们慢慢走出森林，边走边抚摸着树干，抬头仰视这森林的圣殿。

这样真实而深刻的体验是环境与心灵的完美结合。这也是本章游戏的目的所在：用全新的、神奇的方式与自然界的其他生命融合。

A. 直接体验
B. 美感、视觉意识
C. 白天，林地
D. 1 人或多人
E. 7 岁以上

大地之窗

当你从一个新的角度去看，森林会变得更加新鲜、有趣。这个游戏就是让孩子们躺在林地上，静静地看风中摇曳的树、翱翔的飞鸟，听呼啸而过的风声。透过树叶的缝隙，静静的云朵飘过孩子们的“森林小屋”。小动物可能会来，因为孩子们静静地藏在那儿，一动不动。

让每个人躺下来仰望天空，想象自己是大地的一部分。用树叶、小树枝以及松针把每个孩子的身体盖起来，只把脸露在外面，靠近头的部分不要有东西挡住视线。让孩子产生融入土地的感觉。用几片干净的树叶把孩子的脸盖上（用松针效果最好），同时告诉孩子们闭上眼睛。

告诉孩子到结束时，你会给他们一个信号。这样，他们长时间地躺在树叶下就不会感到厌烦。你一定要在他们感到不耐烦前发出信号。我惊讶地发现，他们居然可以在地上躺 20 分钟而不觉得烦。

如果人很多，就要加快动作。可以让孩子们互相帮忙盖树叶。掌握一个原则：从第一个孩子起，顺着同一方向盖下去，后躺下的孩子尽量离先躺下的孩子远一点。这样，先躺下的孩子起身后，你就把他引到一边，不要干扰那些仍在感受森林寂静的孩子。把喜欢说话和爱打扰别人的孩子安排在稍远的地方。

如果游戏开始前就带领孩子们在地上爬来爬去、刨来刨去，他们会乐意把泥土和树叶盖在身上。记得要事先告诉他们可能会有虫子爬到身上，但不要过于强调。不妨先让孩子找些虫子，尝尝虫子在身上爬的滋味。有意思的是，孩子们很快就会丢掉他们从前对虫子的偏见，而开始去欣赏这些迷人的小生灵。当孩子躺在树叶下感觉到虫子爬过时，要鼓励他们保持安静，全心感觉虫子的动作。这样一来，他们中有的孩子就能告诉别人关于虫子的事情了。

“大地之窗”让我们用森林的眼睛看森林。

树的心跳

A. 直接体验
B. 欣赏自然、树木学
C. 白天，树林
D. 1 人以上
E. 4 岁以上
F. 听诊器

每棵树都是一个鲜活的生命，它和我们人一样要吃、休息、呼吸，也进行“血液”循环。树的心跳是一首美妙的生命之歌。早春是听森林心跳的最佳时间，此时树正把它大量的树液源源不断地输送到枝丫，为一个新季节的欣欣向荣做准备。

选一棵直径至少 15 厘米并且皮比较薄的树来听它的心跳。落叶树通常比针叶树听得清楚，某棵树的心跳声可能特别大。把听诊器紧紧贴在树干上，不要动，以免产生杂音。多试几个地方，你会找到最佳“听点”。

孩子们会想听听自己的心跳。再让他们听听哺乳动物和鸟类的心跳——声音节律的变化美妙动人。

蒙眼游戏简介

这部分活动是本书中最能激发孩子想象力的部分。

把眼睛蒙上，能消除我们心中的偏见，增强我们感知世界的能力。我们最依赖视觉，一旦不能去看了，我们就必须调动平时很少用的其他感官去听、去触摸、去闻。注意力完全集中于这些感官上，各种感觉会灵敏许多，认识更加清晰，纷乱的心绪渐渐沉静，升起一种由昏睡中苏醒的感觉。

我第一次被蒙上眼睛的情景仍历历在目。向导领着我沿路下到小溪边，走到齐膝深的水里，站在水中，感觉水流。向导问我是否愿意顺水漂流。好哇！我们开始了漂流。起初，我们非常小心，但没过多久，我就开始放松地随波逐流，任我的身体在漩涡里打转。流水的汩汩声、咆哮声、瑟瑟声、叮咚声奏响了世间最美妙的乐章。我从来不知道，一条小溪居然如此神奇！

（注意：除非你和向导对某条特定的溪水及相应的防护措施极为熟悉，否则不宜以此入门。建议选择本章的其他游戏开始尝试蒙眼活动。）

A. 直接体验
B. 调动感觉，信任感
C. 白天，地点不限
D. 2 人以上
E. 7 岁以上
F. 眼罩

盲　行

组织和带领一次盲行非常简单。两人一组，既可以是大人与孩子一组，也可以是两个孩子一组。各组自行决定谁先领路、谁先蒙上眼睛。领路人可以带着他的伙伴走任何看起来有意思的路，但是要小心地上的木头、垂下来的树枝等等。领路人也要牵着盲伴的手去摸有趣的东西，带着他感受周围有趣的声音和气味。

当人们第一次体验新鲜事物时，都会有些紧张，通常会以开玩笑的方式来掩饰紧张。因为蒙起眼睛对许多孩子来说都是第一次，所以先做以下的热身活动，有助于孩子们在盲行前消除紧张心情。让大家坐成一个圈，闭上眼睛，让孩子们玩一个传递东西的游戏。让他们通过闻、摸、听来感觉手里的东西，并在传给下一个孩子时说出自己的感觉。

我的树

A. 直接体验
B. 欣赏自然，调动嗅觉、触觉
C. 白天，树林
D. 2 人以上
E. 4 岁以上
F. 眼罩

这个游戏要至少两个人一起玩。蒙上小伙伴的眼睛，带他穿过林子来到一棵你喜欢的树前。（距离远近视同伴的年龄和方向感而定。只要孩子不是特别小，20 米的路不算太远。）

帮助蒙上眼睛的小伙伴去探索他的树，感觉这棵树的与众不同处。最好给他们一些具体的建议。比如，如果你对孩子们说“感觉一下这棵树”，就不如告诉他们：“用脸颊去轻轻蹭蹭树皮。”这样更能激发孩子的兴趣。与其说“去探索这棵树”，不如直接提问：“这树是活的吗？你能抱拢它吗？树的年龄比你大吗？能找到伴生的植物吗？有动物的痕迹吗？有苔藓或昆虫吗？”

当你的伙伴完成了他的探索，就迂回地把他带回起点。（回来的路可以选择有趣的路线，领路人可以故意带着他的伙伴走过草原，穿过灌木丛，并跨过地上假想的原木。）现在，摘掉眼罩，让你的伙伴睁开眼睛去找刚刚摸过的那棵树。孩子找到了“他的树”，刹那间，满眼的森林变成了一棵棵充满个性、与众不同的树木的集合。

一棵树能成为一个孩子终生难忘的记忆。玩过这个游戏的孩子常常在一年后又回来，拉着我到一棵树前，说：“看！这是我的树！”

A. 直接体验
B. 调动感觉、信任感
C. 白天，地点不限
D. 2 人以上
E. 7 岁以上
F. 眼罩，绳子

盲径

盲径是让孩子蒙上眼睛，沿着绳子引领去漫游，听奇怪的声音，闻神秘的气味，寻找有趣的手感。大部分人在游戏结束之后都迫不及待地折回去，看刚刚走过的那些迷人的地方。

若想让你的盲径新奇有趣，就要找一块能提供不同感受的地域。理想的盲径是：沿着一条林荫道走，跨过长满青苔的原木；再到洒满阳光的林间空地上享受阳光，蜜蜂在四周嗡嗡鸣唱；然后再进入丛林，在大约 2 米高的针叶树下爬行，用心感觉，并倾听干燥的松针在你的手掌及膝盖下噼啪作响。水生植物的气息和鸭子的合唱告诉你：你来到的地方一定是一个池塘。

一条好的盲径需要事先花一些时间来布置，不过兴之所至的盲径也有它的价值所在。重点是：道路要富于变化，有主题和神秘感。你可以调动全部感觉去摸、去听、去闻，由一种感官去感受、对比——比较粗糙与细腻的岩石，比较鲜嫩与干枯脆响的树叶，或者比较潮湿处的怪味和春天的甜美气息。（可以在有特殊气味的地方用绳子打个结。）增加游戏变化的另一种方法是把绳子系在地上或头顶上有趣的物体上，让绳子有高低起伏的变化。

明确的主题有助于孩子们把各种经验整合在一起而有所收获，比如一些特定的主题：树种的辨认，探索某种动物的栖息地，或者对比小气候，等等。（小气候指某一界定区域——如山北面的阴坡——所独有的温度条件、湿度条件以及植被情况。）

制造神秘感是件容易事，任何不熟悉的事物都具神秘感。例如，从主导绳索中分出一根细绳垂到树洞里，不失为美妙而神秘的体验。

活动开始前，得先想好让孩子们沿着绳子的哪边走。（一定告诉他们只能沿着绳子的一侧行走。）一定要保证安全，如事先确保活动区域没有有毒的动植物等。

平静的心态能让孩子们在路上感觉到更大的乐趣，所以事先讲个故事或做些静态的活动有助于获得对盲径的体验。开始游戏之前，带着孩子抱抱树干、闻闻叶子，猜猜树有多高，讨论一下感觉如何，教给他们体验的方法，这样他们就不会只是顺着绳子一条路跑到黑。告诫孩子们在行进过程中保持安静。

让孩子们拉开一定距离，以免他们挤成一团。你也可以让孩子们保持自己的速度，把走得快的孩子和走得慢的孩子分开。让另外的带队老师或找个负责任的孩子走在队伍的最后。当活动结束时，向他们表示祝贺。（让其他带队老师插在队伍的某些特别位置。）

当活动结束时，可以问孩子一个非常有趣的问题，“你认为你走的路有多长？”（在他们回头看之前。）孩子们总是过长地估计他们走过的路，因为他们开放了全部感官来体验这段来路。

盲径是我最喜爱的游戏之一，因为它能带来自然体验所需要的接受精神。

A. 直接体验
B. 全神贯注，投入感情
C. 白天或夜晚，地点不限
D. 1 人以上
E. 4 岁以上

角色扮演

化作蒲公英的小伞，自由飞扬；或是做一棵树，让高高的树梢在风中摇摆；要么变成一只小松鼠，跳跃在遍地野花的林间空地；或者想象自己是树洞里冬眠的熊。

“角色扮演”让我们融入大自然，体会其他生命绚丽的生活。由于角色的转化，你的理智与情感也随之产生了相应的变化。

做人常受限制，无论你是长官约翰还是棒球游击手萨莉。我们是否能享受生命、欣赏生命，取决于我们对其他生命的感受力，取决于我们是否能抛开名誉、地位等既定角色，沉浸于忘我的喜悦。

选一种动物、植物、树、石头或山——任何一种东西都行——然后假装你就是它。让想象为身体做主，去体验万物的

存在、活动和感受。想象自己是只蜻蜓，在水边芦苇间翩翩起舞，夏日的暖风轻抚过你的翅膀；想象自己是只狐狸，踩在松软的雪地上，冷冰冰的。厚厚的毛抵御刺骨的寒风，饿得肚子咕咕叫，你饥肠辘辘地看着从雪地上一溜烟跑过去的老鼠。你走几步就停停，嗅着冰冻的草地，试图找到食物。

你越进入角色，就越能揣摩角色的特征与感情。越专注，就越能与之产生共鸣。

蒲公英的小伞或风中摇摆的枝条，角色简单，适合初学者。大家一起表演也很好——当你周围的人都在做同样的事，你的自我意识就会减弱。试着像一条蛇或是毛毛虫那样慢慢爬行；或表现一棵山毛榉树的生命史：一粒在泥土中沉睡的种子，不断地汲取养分，终于长成一棵枝繁叶茂的大树，然后开始衰老腐朽，轰然倒下，终于化成曾经使你获得生命的土壤。你在一两分钟之内就能演绎整个生命史。当你获得了自信，能进入角色时，你就可以扮演更复杂的角色了：

一群绿翅膀的小野鸭正飞过一片沼泽地，左右盘旋、上下翻飞，但每一只小野鸭都与头鸭保持着默契，整个野鸭群好像一只大鸟在飞。然后，悠然地落在平滑的水面上。

或者，开会讨论是否要在河上建一座大坝，出席会议的有农夫、渔夫、鳟鱼、鲑鱼、鹿、白杨树、水龟、翠鸟、蚊子等。

在“角色扮演”的游戏中，要营造宽松、鼓励、支持的气氛，避免批判性的言论，让孩子摆脱比较和竞争的恐惧，自由自在地表现。

第二章　你能看见多少

孩子在新环境里会很自然地去证明他们自己——从小山的陡坡向下狂奔，在倒木、断崖和巨大的岩石中爬上爬下，穿来穿去。这一章中的游戏就是帮助孩子发挥探险精神，培养他们对周围环境的敏感性。

哪怕是白天里简简单单的散步，也可以变成一种探险活动，能从中学到东西并增强洞察力。我们离开营地远足，在回来的时候，我常常问孩子们能不能自己原路返回。（一路上，我不断指出路标并让他们回头看看走过的路。）每当这时，他们总会经历害怕和困惑才能确认真的要自己找路回来。讨论一阵儿，他们就会选出领队，决定前进方向。他们经常会指责我失职，身为领队，怎么可以不知道回去的路？不过，他们几乎用不着我帮什么忙，就能找到回去的路，尽管有时可能花上整晚的时间。

有一次，我们远足的活动在夜间。听到远处响起猫头鹰的叫声，我们决定过去看看那只猫头鹰。但是我们只要一走近，它就向森林深处飞去。直到半夜，我们也没追上那只猫头鹰。大家想，算了，还是回营地吧。我问孩子们，走哪条路回去最好？7 只小手指向 7 个方向，在指南针上能画出个 230 度的扇面。

当晚没有雨，天气也不算冷，所以我对他们说：“没有我的帮助，你们一样能找到回去的路。”最大的男孩走在前面带路，我断后。大家很快就发现这个孩子并不知道回去的路怎么走，而是因为他年龄最大，大家不好说什么。直到我们兜了一圈儿又回到了原点，领队的位置被另一个孩子取代了。就这样，领队换了一个又一个，希望起起灭灭，我们一直都在黑暗的森林里转圈子。最后，孩子们抛开面子，承认他们在黑暗中找不到回去的路。

我察觉到大多数孩子都希望在林中露宿，明早再接着找回

去的路。所以尽管我们没有睡袋和保暖的外套，我们还是决定挤在一起，就地过夜。穿得少的人在中间，其他的人挤在四周。

这样过了 30 分钟左右，在里面的人就扭动身子往圈外挤，外面的人为了更暖和一点就抓住机会往里挤。外面的人挨冻，里面的人挨挤，只有在挤来挤去被挤到中间时，才暂时感到舒适温暖。

在挤了 4 个小时之后，东方终于出现了一抹灰白，我们结束了这场苦斗。我们蹦蹦跳跳，跳着舞，迎接黎明。

阳光底下，很容易辨明方向，找到回去的路。回到营地时，大家都睡眼惺忪，但是心中充满了胜利的喜悦和自豪。一年后，这群孩子央求我再带着他们去露营。

当然，你并不一定有类似的体验，除非你刻意追求同样的体验。不过，本章的游戏都有利于激发孩子观察自然的兴趣。

A. 集中精力
B. 听觉感知
C. 白天或夜晚，地点不限
D. 1 人以上
E. 3 岁以上

声音和颜色

森林里，草地上，湿地边或公园里，让一群孩子躺在地上，双手握拳举向空中。只要听到一种鸟叫，就伸出一个手指，看谁的听力最好。无论是想让孩子了解自然的声音，或感受自然的宁静，这都是一个好办法。为了更

好玩，就让孩子试试看是否默数到十都听不到一声鸟叫。也可以选择任何一种动物来倾听声音，或是倾听任何一种声音——草丛里的风声、落叶声、急流声，等等。

让孩子们站着不动，观察眼前有多少种颜色和光影的深浅变化，这样可以培养孩子观察自然的能力。

A. 集中注意力
B. 观察
C. 白天，地点不限
D. 1 人以上
E. 4 岁以上

伪装的小路

这个游戏主要是来介绍“保护色”和“适应”这两个概念，同时培养孩子的观察能力。这个游戏使学生的视觉意识有所提高，其结果就是引导孩子不在户外乱丢垃圾。

找一段没有杂草和灌木遮挡的，可以看到地面的小路。（大树和小树错落有致、地上有落叶和倒木的森林是最理想的场所。）选择一段20~30米的小路，确保路宽能容两个人通过。沿路放上16~24样日常用品做道具。其中几样应是特别显眼的东西，如彩色灯泡、气球这类东西，另外的一些则尽量与周围的环境融为一体，难以被发现。东西的数量要暂时保密。

每次只让一个孩子走过这段小路，让他尽可能地发现（不要捡起来）所放的东西。走到头后，让他悄悄告诉你他发现了几样，你再告诉每个孩子所放的东西的总数，或者，如果你愿意，可以告诉他们其发现的物品数占总数的百分比。鼓励孩子再走一遍，去发现他们漏掉的东西。为了使活动变得相对容易，可以在特别难找的物体旁边放一个标志物，比如红手帕。

A. 集中注意力
B. 伪装、观察
C. 白天，森林、草丛
D. 1~12 人
E. 5~13 岁
F. 废品

我发现，在布置的时候，用绳子标明东西在路的哪一侧非常有用，然后东西放在离绳子1米高的地方。不过，你可以把东西藏在不同的高度，或者只有回头才能发现的地方。如果组员很多，应保证路程足够长，使所有的人同时在步道上。也可以让半数孩子从绳子中间开始找，这样大家都无需等太长时间。

为使大孩子觉得更具挑战性，并保持兴趣，要把东西放得稍微隐蔽一些。我最得心应手的教具是一面7×10厘米的野营镜。镜面朝上，照着森林的景象。（用树枝将镜子的上边缘挡住。）我经常让尽可能多的孩子站在和跪在小镜子的前面，叫孩子注视着它。但孩子通常都发现不了镜子，除非我用手指给他们看。锈铁丝、钉子、胶皮带子、衣架等都是不错的道具。

为了让每个孩子都能看到所有的东西，就从头再来。让孩子们跟在你身后，指出所有的东西。当你把这些东西捡起时，指定一个孩子把他们收集到一块，让另一个孩子查数。

最后，讨论一下保护色对动物的作用，以此来结束游戏；接着让孩子们找找周围是否有带保护色的小动物（如小虫子，蜘蛛等）。

A. 集中注意力
B. 开发感官
C. 白天，森林、灌木丛
D. 2~7 人
E. 6 岁以上
F. 眼罩

蒙眼毛毛虫

把孩子们带到一个僻静的地方，蒙上他们的眼睛，排成一队，两手搭在前一个孩子的肩膀上（就像一只毛毛虫）。老师在前面带路，告诉孩子们全神贯注地去听、闻，去感受周围的环境。沿途碰见有趣的东西，就停下来，比如触摸奇形怪状的树或石头，闻闻花朵和灌木丛的香味。路上变化越多越好。要想增加变化可以上坡下坡，或沿着干涸的河床行走，也可以在阳光明媚的林地中进进出出。

当你觉得走得够远了，就摘掉孩子们的眼罩。这时候，孩子们都想沿着原路回到起点。回去之前，我通常叫他们把刚才蒙眼走过的路和经过的地方画张地图，这有助于孩子把先前所听、所见、所闻转化为图像。听到鸭子嘎嘎叫的地方，可能会是池塘或沼泽，香味可能来自某些花朵。尽量让孩子们自己找到回去的路。

（注意：一旦毛毛虫超过五节，队伍很快会变乱、失控。）

A. 直接体验
B. 探索，方位，感知
C. 白天，地点不限
D. 2 人以上
E. 6 岁以上
F. 眼罩

蒙眼定点摸索

这是蒙眼毛毛虫的缩略版。蒙上孩子们的眼睛，告诉他们要去一个不太远的地方。到了以后，让他们用手仔细触摸那个地方，直到他们觉得熟悉这个地方为止。接着把他们带回出发点——眼睛一直被蒙着。到了出发点后摘掉他的眼罩，再让他用手去触摸，找到刚才去过的地方。

复　制

这是个能让孩子们对岩石、植物、动物产生兴趣的好游戏。在孩子集合之前，悄悄地在附近收集 10 种常见的自然物，如石头、种子、松果、树杈以及某些动物活动留下的“证据”等。把这些东西放在一块手帕上，用另一条手帕把它们盖上。这时让孩子们集合，告诉他们：“手帕下面有 10 样东西，你们都能在周围找到。我只把手帕掀开 25 秒，你们要仔细看，努力记住你们看到的每样东西。”

看完后，让孩子们分头去找。5 分钟之后，叫他们回来。然后每次从手帕里拿出一样东西，讲述有关的知识和故事，问孩子们是否找到了相同的东西。

孩子们对你将要拿出来的石头、种子、树杈等诸如此类的东西有着强烈的好奇心。这个游戏做过几次后，孩子的注意力和记忆力会有明显的提高。

A. 集中注意力
B. 记忆，观察
C. 白天，地点不限
D. 2 人以上
E. 5 岁以上
F. 2 块手帕

微观之旅

“微观之旅”就是沿1米~1.5米细绳走得极短的“远征”。“旅行者”趴在地上沿着路线一点点向前爬，观察神奇的自然：弯弯草叶上五彩斑斓的露珠，沾满花粉闪闪发光的花甲虫，下颚有力的八眼蜘蛛，等等。由于小孩子们对微小的事物尤为喜爱，因此他们对这缩微森林世界的全神贯注、如痴如醉一定会让你惊讶不已。

A. 集中注意力
B. 土壤表层的观察
C. 白天，地点不限
D. 1 人以上
E. 4 岁以上
F. 3~5 英尺长细绳，放大镜

在孩子们穿越绳索的过程中，让他们把线放在他最感兴趣的地面上。给每个孩子一副魔术放大镜，让孩子把自己想象成蚂蚁大小。你可以提问来激发孩子的想象力：“你现在到哪个国家了？你的近邻是谁？你们友好吗？他们工作努力吗？那只蜘蛛想要干吗？是要吃掉你，还是带你去兜风？当一回绿色金属光泽的甲虫会是什么滋味？它怎么打发日子呢？”

开始就告诉孩子们，眼睛距地面不能超过脚的长度。

第三章　自然平衡

如今，孩子们可以从课本上学到许多生态学知识。而本书更注重培养孩子的情感与直觉。可仅有感受有时是不够的，尤其当别人无法体会你的感受时，你就会有力不从心之感。几年前发生的一件事让我对此深有体会，也促使我在直觉认知的基础上，渴望更丰富的学科知识。

我住的农场后面有片灌木丛生的沼泽（一块低洼泥泞的湿地），一有空我就去那儿。有一只老鹰和我一样，是那里的常客。我发现它总爱栖息在一棵枯死的橡树上，居高临下，鸟瞰四周。几个月后，它习惯了我的存在，即使我靠近它，它也还是停在树上，一动不动。

那些日子里，我常常爬到自家农舍的房顶远眺乡村的巴旦杏果园，也看看老鹰是否停留在原地。我们彼此相距 45 米。如此日复一日，我们之间产生了感情。

我出门几天后回家，第二天早上，我到沼泽地去看看一切是否依然如故。结果让我大吃一惊：所有的橡树都被砍倒了，并且正在被焚烧，而那个人正要开始放倒最后一棵树——老鹰最喜爱的那棵树。

我劝他留下那棵树，但他说留着它也没用，还是砍了烧掉的好。我说反正这棵树已经死了，不可能与任何一棵巴旦杏树争夺土壤中的水分和养料，不如留下来。但是，他不为所动。因为树长在他的土地上，我毫无办法。自从橡树被砍光后，我就很少看见那只鹰了。

我很想对砍树的人说点什么，因为我觉得枯木一定有其存在的价值，但我当时确实对此一无所知。后来，我找到了一些资料，可以让那位果农了解砍伐枯木带来的负面结果，例如枯树可以让许多鸟儿来筑巢，比如可以帮助他们治理虫害的啄木鸟和五子雀。

生命金字塔

这个游戏至少需要6个人参加。给每个孩子发一张纸，让他们各自写一种当地的动物或植物，不要让别人知道。然后就像他们在体育课上那样用身体叠一座金字塔。但是，你一定要在所有纸都收上来后才能告诉他们要做的事。

现在好玩的游戏就开始了！“地球从哪儿获得能量？从太阳。好极了！是哪一类的生命首先利用太阳的能量呢？植物。又对了！现在我们就来叠金字塔吧！”

A. 激发热情
B. 自然平衡，食物链
C. 白天，空地
D. 6 人以上
E. 7 岁以上
F. 铅笔和纸、动植物名卡

当“植物孩子”意识到他们的命运时，你就会听到他们抱怨了。

“由于所有的动物都直接或间接地以植物为食，所以植物在最底下。”所有的“植物”都跪下、四肢着地紧紧排成一排。然后，我读出纸条上的动物名字，要孩子们分清食草动物和食肉动物。“食草动物”趴在“植物”的背上跪成一排，全部“食肉动物”在“食草动物”身上跪成一排。

在上面的孩子总是比下面的多：做只熊或山狮可比做一棵蒲公英或一只鼠好受多了。嚷嚷、哀叫都无济于事。整个结构头重脚轻，因此不可能建起一个稳定的金字塔，高高在上的“食肉动物”势必要失去立足点。这时鼓励孩子们接受重新建立一个能支撑所有人的金字塔。（大点的孩子如果愿意，请他们扮演植物。）显然，在食物链上的位置越高，动物就越少。把金字塔下层的植物拉出一个，就可以充分说明植物的重要性。

金字塔游戏还有另外一种玩法：给每个孩子发一张写有动物或植物名的卡片，但不是学名，而是一些有趣的名字，会让游戏更有趣的名字。比如蓝蓝的小眼睛、美丽的弗吉尼亚之春、狗尾巴草一类的植物，按照植物、食草动物、食肉动物的比例分配，并标出罗马字母（植物，Ⅰ；食草动物，Ⅱ；

食肉动物，III；大型食肉动物）。假设一组 26 人，建议按照 14∶7∶4∶1 的比例分配从植物到大型食肉动物的人数。

把手中的卡片打乱，然后发给孩子们。如果小孩一开始不知道该站在哪儿，就让他们看看卡片上的罗马字母，找到为止。现在开始，“如果你们是从阳光、水和矿物中获得养料，就请到前边来，跪成一排——请每株植物做个自我介绍，好吗？（扮演植物的孩子大声说出自己的名字，黑眼睛苏珊！——北方的蕨女士——别碰我！大家一直在笑！）现在，食草动物出来，找到植物的后边。告诉我们你是谁。如果你是食肉动物，就站在第三排。哪位生活在食物链的顶端？请告诉我们你是谁。哦，是一只老鹰。请站到第四排，现在各就各位，假设你们要叠金字塔！”（我说“假设”，是因为这么多孩子一起叠金字塔，有点冒险。）

然后给孩子以科学的方式，解释能量在食物链中按照 10% 逐级递减。例如 1000 千克的植物，就有 100 千克的食草动物、10 千克的食肉动物和 1 千克的大型食草动物。

现在告诉大家："我发现植物长虫了，准备给植物喷农药。我在每棵植物头上放一块手绢表明它们洒过农药了。现在我要让食草动物开始吃这些植物，你们把植物头上的手绢拿起来放在自己头上，表示你吃掉了这棵植物，不停地吃，直到吃光所有植物。"

除草剂和杀虫剂对动物有害，如果动物吃了洒过农药的植物，有毒成分会在体内残留。现在让肉食动物来吃草食动物。（这时，让孩子们想想手绢都到了第四排，会发生什么事？）"现在老鹰会不会吃第三排的动物呢？"（当所有手绢都摞到最后一个孩子头上，像戴帽子似的，所有孩子会笑个不停。）动物在食物链上的生态位越高，体内积累的毒素越多，这个过程叫生物富集。鹰、隼和塘鹅等鸟类以及其他的动物，已经深受环境中各种毒素之害。作为人类的一分子，你在食物链中的境遇如何呢？

我的森林

给每个孩子一张“地契”，假定他拥有 2 平方公里的土地。孩子们在这块处女地上用树、动物、山川、河流，营造出自己梦想的森林。让他们天马行空、自由驰骋。为了激发孩子们的创造力，你可以给他们一些建议。

“为了你的森林美丽而生机勃勃，你可以加些东西，比如瀑布、风或永不消失的彩虹。”

A. 分享情感
B. 审美、自然平衡
C. 白天，树林
D. 2 人以上
E. 7 岁以上
F. 铅笔和索引卡片

让他们列出自己森林的结构框架，然后把它们画成一幅画。最后让孩子们讨论一下他们各自的森林能否年复一年地维持下去。例如，看看他们是否选择了典型的食物链：食草动物、植物和分解者（如蚂蚁、蘑菇、细菌）。记得提醒孩子注意土壤和气候这些微妙的因素。

A. 激发热情
B. 适应，栖息地，相互依存
C. 白天，地点不限
D. 3 人以上
E. 5 岁以上
F. 线球

编织生命之网

这个游戏可以清晰地表现自然界各成员间的关系。“编织”一词生动地描绘出空气、岩石、植物和动物的组织方式。

让孩子们站成一圈，老师拿着一个线球站在圆圈外缘说：“谁能说出一种本地的植物？——蒲公英！好，蒲公英小姐，你抓住线头。附近生活的哪种动物以蒲公英为食呢？——兔子！哈！真是一顿丰富的大餐。兔子先生，抓住线的这头，因为你的食物是蒲公英。现在，有谁需要拿兔子先生作午餐呢？”

就这样，根据剩下孩子们的相互关系用线把他们连在一起。

并且加入新的成员和考虑因素，如其他动物、土壤、水等，直到全部的孩子都连在一起，织成一个生命网为止。

为了证明每个个体对整体都很重要，可以假设一些情境，去掉网中的某个成员。例如，森林火灾烧毁了一棵树，或是伐木工伐倒了一棵树，当这棵树倒下时，就会猛地拉他所抓住的绳子，任何感受到绳子张力的人都因此体验了树的死亡而带来的影响。接着，受到影响的人会挣扎拉扯，从而牵动其他成员。如此下去，最终所有成员都会因为这棵树的死亡而受到影响。

A. 激发热情
B. 适应、食物链、捕食
C. 白天，空地
D. 6 人以上
E. 5 岁以上
F. 铃铛，眼罩

弱肉强食

该游戏介绍了食物链及其在自然界中的作用。在一片开阔的空地上，让孩子围成一个直径大约 3 米的圈。给两个孩子蒙上眼睛，让他们站在圈里。请其中一个孩子说出在该地区出没的一种食肉动物，让另一个孩子说出一种被捕食的动物。这只食肉性动物要依靠听力辨别方向、捕捉猎物。如果这两只动物太靠近圆圈边缘的话，周围的孩子就轻拍他两下。游戏进行的时候一定要保持安静，扮演动物的人尽量演得逼真。为了增加花样，可以增加动物的数量；还可以在某些动物身上挂铃铛，逼得他们不得不改变求生策略。如果你的食肉动物不够胆大又没有多少策略，游戏变得越来越没意思了，就把圆圈缩小些，让两种动物靠得更近。

A. 激发热情
B. 适应，栖息地，相互依存
C. 白天，地点不限
D. 3 人以上
E. 5 岁以上
F. 线球

观察植物演替

植物演替指一个区域内土壤及水分条件逐渐改变，使得新物种得以进入该地区，并最终成为新的植物结构群体，原来的植物不得不迁到其他更适合生长的地方。池塘边是观察植物演替最理想的地点，如果池塘有点坡度就更好了。离池水越远，土壤就越干，其他条件也有所变化，因此在以池塘为中心的环状带中能观察到不同的植物类型。

要观察植物演替的实际过程，需要持续多年观察池塘及四周的变化。这是因为植物演替是植物死亡、慢慢堆积且使土壤变干的结果。

当土壤变干，喜湿的植物很容易就会被他们的竞争者耐旱植物排挤出来。经过漫长的岁月，随着池塘边上的土层越筑越高，池塘就会逐渐缩小直至消失。当潮湿的区域越来越小，植物根茎也就越来越向池塘中心移动。通过细致观察环境上的任意一点，你都可以看到植物演替发生的过程，这很像在电影中的一个定格镜头。

让孩子们从池塘外圈向水边爬去，边爬边仔细观察地面，他们就会发现随着土壤的变化植物也在变化。当孩子们有所发现，就请他和大家一块分享。每个发现，如某种特殊的树种、灌木和草，或是更湿、更有强烈气味的土壤的出现，都会带领大家认识一个新的植物环境。当他们爬到水边后，让每个孩子画一幅植物演替环，把池塘及其周围环境按从最湿到最干的顺序，每一个环都画出来，并标出各环中生长的植物。让孩子们想象一下在 50 年或 100 年后这个池塘会有多大。

第四章　学习是一种乐趣

我尽可能让孩子们觉得学习是有趣并且令人兴奋的。指出动植物与人类之间的共同点，就是一个好办法。比如说，在带孩子们去一个池塘之前，我会先和他们聊聊水里的昆虫。

“人类用什么帮助自己在水里运动和呼吸呢？”

“蛙鞋、救生衣、气囊、桨、网、潜水面具……”

“你们知道水生昆虫也像人一样有一定的需求，要使用类似的装备吗？比如，有一种利用自身气囊的潜水甲虫，他们从厚皮毛下捕捉银色的泡，然后利用它在水下呼吸。一些潜水甲虫甚至能在身后携带一个充满空气的气囊。甲虫的呼吸系统比我们的棒，因为他们不需要压缩空气就能从周围的水域中收集氧气填满气囊。利用这种潜水气囊，一只甲虫竟能在水下待 36 个小时之久！潜水甲虫具有蜡质皮毛，类似救生衣，能使甲虫浮于水面。如果甲虫身上不负重，不游动，他们就浮在水

面上。”

“尽管一小部分的水生昆虫更喜欢自由泳，但大部分还是进行蛙泳。可是有一类昆虫特别喜欢仰泳，以至于它们被命名为‘仰泳者’。它形如一条小船，背的下部有一根如船龙骨的骨头，背的两侧有两条长长的腿，像船桨一样。”

“还有一种黑蝇的幼虫，它们生活在小溪的急流中。它们把自己系在一根安全绳上，然后沿着绳索小心翼翼地移动。即使急流将幼虫冲走，它也能沿着绳索游回原来的位置。这种黑色飞虫的幼虫在成虫前一直待在水下。为了避免打湿翅膀，它把自己包在气泡里浮出水面，就像一艘潜水艇。”

孩子们被水生生物的稀奇故事所吸引。一旦有机会用滤网在水生植被中寻找昆虫，他们就显得很兴奋。只要搜索一开始，

我周围尖叫声就会此起彼伏，孩子们争着叫我过去看看他们的发现。

当一辆水车开到一个小池塘边，把抽水管下到池塘时，这时一个由六年级学生组成的探索队刚完成了任务。当司机开动水泵时，孩子们立刻意识到水生昆虫会被弄得满地都是，昆虫会因为离开水而死亡。所以就有几个同学跑向司机，恳求他在抽水管前包一块细密的纱布。司机非常友好，他被孩子们的爱心所感动，说他乐意在软管前端装上一片纱布。随后，孩子把他们水中的朋友介绍给司机。

探究不同生物的生活方式是极其迷人的事。本章的游戏能创造一种令人兴奋的氛围，激发孩子们的好奇心，集中他们的注意力。

A. 激发热情
B. 自然史
C. 白天或夜晚，任何地方
D. 2 人以上
E. 5 岁以上

指鼻子

“指鼻子”的游戏营造出神秘、有趣的奇妙感觉。在一个个问题中，参与者逐渐接近谜底。“指鼻子”游戏特别适合在刚上课时用，它有助于从开始就吸引孩子的注意力，并且让他们在学习的过程中，自始至终保持热情。好，现在告诉你怎么玩。

“我要告诉你们有关某种动物的 8 条线索，你们猜猜是什么动物。当然，如果你大声地说出答案，就泄露天机了。所以当你猜到时，我希望你给我一个信号。这个信号就是把手指放在自己鼻子上。这就告诉我和所有人，你知道答案了。”

“让我们举个例子。第一个线索：身上有斑点。啊哈，如果你想我是一只小鹿，那你就把手指放在鼻子上。但你发现第二个线索是游到上游去产卵。这下你就有麻烦了，对吧？好吧，你可以咳嗽一声，用手捂住嘴；或者挠挠头，假装你没把手放在鼻子上。这样，就没人知道你错了。”

“你们可以和附近的同学小声商量，互相讨论，但不要让所有的人都能听到你的声音。你所知道的动物也许不在本地区生活。不必担心你没能力找到答案，线索越多，答案就越容易了。现在忘掉刚才说的那两条线索（斑点和游到上游产卵），那只是例子而已。”

“线索 1：‘除了极地、海洋和极其干旱的沙漠地区，我生活在其他所有地方。’（停顿）线索 2：‘我已经活了 32 岁，我的繁殖率很低，每年只生一个孩子。’（停顿）线索 3：‘在美国，我有十分之四的同类处于危险状态。’（停顿）线索 4：‘我们中的大多数听力极佳，但我们当中也有些依赖于视觉和嗅觉。’（停顿）我已经看到很多手指放在鼻子上了，很好。线索 5 的信息量很大，非常有帮助，它说：‘我翅膀的宽度 18 ～ 21 厘米长，我可以在 3000 米以上的高度飞翔。我们中有一类 1 小时可以吃 600 只蚊子。’啊，我有些手指挪开了，不过我也看见新的手指了。其余的人肯定在等待猜亚种。线索 6 是‘我的耳朵或大或小，通常会有个小尾巴，或独居或群居。我们中一些吃昆虫，一些也吃花粉，或者水果，甚至鱼和青蛙！’（停顿）我看见更多的手指放在鼻子上了！这有一个，那有一个。线索 7 会非常有帮助：‘我们被称为夜间飞行的高手。我们比其他哺乳动物都多。如果天冷了，我们就迁徙或冬眠。’更多的手指！太好了！线索 8：‘我们中的大多数（在美国）都靠发出声波，然后听他们的反射来探路。我休息的时候，头朝下，脚朝上。’看起来我们都知道答案了。一起大声地说，一、二、三……（游戏者大喊：蝙蝠！）”

请参阅 148 页至 153 页，找到更多鼻子游戏的谜面。

A. 激发热情
B. 动物分类，动物生态学
C. 白天，路上
D. 4 人以上
E. 7 岁以上
F. 绳子、铅笔、纸、两块手帕

猜动物

“猜动物”是复习动物学和生态学的有趣方法，这是一个特别适合在雨天玩的游戏，会高潮迭起，惊喜连连。通过户外辅导员的鼓励，可以提高学生进一步阅读的积极性。

把人分成两队，每队人数相等，最多 8 人。每队选择一种动物，然后想出 6~8 条谜面。（鼓励学生选择人们知道、但不会立刻就找到的动物。）这些线索应该是越来越明确，从一般特征到具体特征。

当两队将各自的线索准备好后，在地上用绳子设置一条线，两队队员面对面地站在线的两边。在各队身后约 5 米的地方各放一个大手帕，作为双方的大本营。告诉队员他们要跑过大本营，而不是站在那儿。（参看下页队形图）

其中一队先给出他们的动物的线索，另一队来猜。对于猜的一队来说，每一条线索只能允许猜一次。猜完之后，互换角色。

现在游戏开始：A 队给第一条线索，B 队员尽力去猜 A 队的动物的名称。如果猜错了，A 队的人说："错！"什么事都没有。A 队现在给出他们的第二条线索，如果 B 队猜错了，仍然什么事都没有。当线索变得越来越明显，气氛就变得越来越紧张了。直到其中的一队猜正确了，比如说，A 队说："我有三个脚趾。"然后 B 队猜："你是背脊黑色、三足趾的啄木鸟吗？"

一旦 A 队给出提示的队员说："对！"A 队就要拼命往回跑进大本营，而 B 队则在其后紧追不舍，在跑回大本营之前被抓住就输了。A 队在队员说"对"之前不能开始跑。

注意提醒游戏者！只有说出提示线索的人才有资格回答对、错。队里的其他队员在本组队员未对对方的正确答案做出反应时，不能开始跑。猜谜的一队任何队员都可以做出回答。

第一次玩这个游戏时，一旦对方猜对了，在"对"字喊出之前，出谜面的一队就忍不住跑回大本营。我会把那些先跑的人叫回来，重新开始游戏。这种小惩罚很有意思，而且给对方一个公平的机会进行赛跑，游戏者慢慢地领会了游戏的规则，在玩过一两次之后，他们就不会提前跑了。

本游戏的缩编本如下：让所有的孩子站在绳子的一侧，老师们站在另一侧，由老师给出谜面。当学生奋力追逐老师时，他们会感到更强的参与感。

这里有一些关于线索的例子，会指导你带孩子们玩这个游戏。开始时，露出一条线索，用一张纸盖上其他的线索。在你读了这条线索之后，尽力去猜猜答案。如此下去，直到读完所有的线索。

1. 我有四只腿，体温保持恒定不变。
2. 我的尾巴好似船舵。
3. 我栖息在森林里。
4. 我的门牙不停地长，所以我不断地啃。
5. 我不像我的亲戚一样为越冬而储存食物。我的食物包括坚果、种子、昆虫和一些小动物。
6. 猫头鹰是少数几种能抓我的动物之一。
7. 我在空中穿行，但我不能飞行。
8. 我身体的每一侧都有皮层保护身体，它处于脚踝和腕部之间。

队形图：

A 队大本营

X

AAAAAAAA

———————————

BBBBBBBB

X

B 队大本营

A. 激发热情
B. 动物分类，动物生态学
C. 白天，任何地方
D. 2 人以上
E. 6 岁以上
F. 动物图片安全别针

我是谁

将一张印有动物图样的图片别在队中一个孩子的后背上，不要让他看到这张图片。让他四处走走，以便让别的孩子看到他已经“变”成了什么动物。然后他提一些问题去猜测自己的身份，别的孩子可以回答“对”、“错”或者“好像是”。

A. 激发热情
B. 树的分类
C. 白天，林中空地或道路
D. 6 人以上
E. 7 岁以上
F. 树木标本

识别游戏

这个游戏有点像美国孩子玩的“偷熏肉”，但经过设计，它能帮助孩子们去识别这个地区的乔木和灌木，并记住它们的名称。在做游戏的地方，收集一些小的树叶、花朵和种子的标本，总共需要 7~10 种。

把孩子平分成两队，面对面站成两行，中间拉开约 10 米的间距。把植物标本放在两队间的空地上，两队分开报数，每个队员都有一个自己的编号，也就是说在每个队里队员编号为 1、2、3……

当双方准备好了，领队就大声说出某个标本的名字，然后叫号。（为了增加游戏的悬念，可不按次序地说出编号。）

“下一种植物是山毛榉，编号是——3!”

双方的 3 号队员听到号码，立刻向标本跑去，争取第一个找到山毛榉的标本。先找到的队员所在小队得 2 分，拿错标本的小队扣 2 分。

A. 激发热情
B. 概念复习
C. 白天，林中空地
D. 6 人以上
E. 5~13 岁
F. 绳子，手帕（颜色不同）

猫头鹰和乌鸦

该游戏非常适合复习巩固学过的新概念。把孩子们平分为两队：猫头鹰队和乌鸦队。面对面站好，中间间距约 1 米，放一根绳子作为标志。各队身后大约 5 米的地方，放两块手帕作为各自的大本营。游戏开始时，领队说出一道题，让两队判断对错。如果是对的，猫头鹰队就去追乌鸦队，力争在乌鸦跑回大本营之前追到它；如果是错的，乌鸦队就去追猫头鹰。任何一个被抓住的人必须变成对方的队员。在正式开始之前，出几道简单的题让孩子们尝试一下，要求学生指出他们要往哪儿跑。

因为孩子们会不停地转换立场，因此在判断对错之后要明确自己的目的地。你可以用一条蓝色的手帕标明对的方向，用一条红手帕标明错的方向。或者你可以用一些自然标志物，比如“对的树”、“错的篱笆”。

如果队员们对某句话判断不清时，两队就会你追我、我追你，乱成一团。混乱之中，领队应保持镇定和中立。等孩子们安静下来，领队再说出正确答案。

领队的陈述要尽量准确，适于孩子的年龄和经验。如你

说："太阳从东方升起。"对于低年级的孩子也许是对的。但对于大一点的学生来说，地球的自转是我们看到太阳升起的原因。"这样的表述就更准确些。

这儿有一些例子：

感觉性的："风从乌鸦的背后吹来。"概念性的："落叶林终年不落叶。"观察性的（展示一片叶子）："这片叶子有5条叶脉和5个小点。"识别性的："这是一粒橡子。"还有其他的一些陈述，如：暖空气上升；栖息地，就是动植物生长的地方；鸟有牙齿；鸭子、乌龟和麻雀是温血动物。

找和你同岁的树

在这个游戏中，每人都要试着找到和你同岁的树。通过查树木年轮，很容易确定小松树、云杉和冷杉的年龄。树枝从主干长出来，因此查树枝的数量大致可以估计出树木年龄。别忘了查那些被砍掉的树枝，如果你仔细看，会在树干上发现枝条被砍掉后留下的疤痕。

你会在林间空地中发现合适的小树，最好远离繁茂的大树。（这个游戏只适合树龄25岁以下的树。因为如果树木年头太多，就不容易估计年龄了。）

告诉孩子们松树是从树尖开始生长的，在去年停止生长的点上，新的叶子开始生长。最年轻的枝条长在最顶端，最老的枝条在最下边。松树每年都会长粗。你可以通过提问，判断孩子是否了解这些知识："如果我在一棵树上离地1.5米高的地方钉一个牌子，那么30年后，牌子到地面的距离是多少？"如果他们认为牌子会跟着树长高，问问他们谁见过离地6米高的树围栏。

在开始时，把每个孩子的年龄都记在一张纸上，全组一块儿去找和他们年龄相仿的树。然后让他们仔细研究自己找到的树，看他们能否说出关于这棵树生长的一些情况。比如，我仔细研究了一棵老松树，发现北加利福尼亚的降雨量和它的生长

密切相关。从树木年轮上可以看出，雨量充沛的年份松树就长得快，在干旱的 20 世纪 80 年代，它就长得很慢。

你还可以有其他的发现，比如火灾的痕迹；比如鹿角蹭过的树皮；新的枝条从伤口中重新生长出来；以及环境对树的影响。

在孩子们充分地研究了他们找到的树之后，要求他们每人写一封信给他们的树木朋友。接着请大家分享他们各自对于树的了解和感受。除了传授自然科学知识，这个游戏还非常适合帮助孩子欣赏、理解树的生命和生活。

“这是一株尊贵的松树。不仅因为它比其他的松树都繁茂，而且它还具有一种君临天下的气派与华美。华美的树冠下枝叶舒展——没有任何一棵松树让我如此痴迷、如此宁静。在接近它的过程中，我仿佛在朝拜，屏住呼吸，轻轻向它走去。”

——约翰·缪尔所描述的兰柏氏松

做棵树

森林是由许多不同年龄、不同形状、充满个性的树组成的。“做棵树”，可以帮助孩子了解森林里的树，并且发现每个树种的独特性。

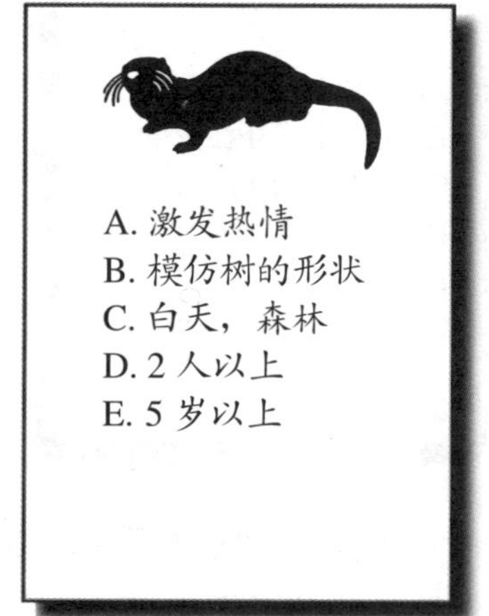

A. 激发热情
B. 模仿树的形状
C. 白天，森林
D. 2 人以上
E. 5 岁以上

找一个树种丰富的地方。在附近选一棵特征鲜明的树，比如垂柳或冷杉。我最心爱的树是兰柏氏松。这些高大、挺拔的松树枝条生长得层次分明，在三分之二的高度，从主干直接生长出许多枝条，在枝端悬挂着许多松果。

现在用你的身体模仿你选定的树的形状，也可以做一些动作来进行演示，比如树干什么样、树枝什么样、树叶什么样，让学生猜猜你是哪种树。（你可以给他们一些提示。）然后问他们能否找到你模仿的树的原型。

现在孩子们知道怎么玩了，把孩子分成两组，先让两组人对树木进行观察。仔细研究之后，每组成员各自决定他们要表演的树。一个小组的组员可以合作扮演一棵树，也可以从孩子们中间选一个代表进行表演。

把两组召集到一起，请他们各自表演。孩子们看了表演后，会有兴趣了解更多树的知识。也可以利用这个机会一起阅读描写树木的名篇佳作。约翰•缪尔、康纳德以及其他的作家写过许多关于树的美文。

A. 集中注意力
B. 生态学、分类、观察
C. 白天，任何地方
D. 3 人以上
E. 5~14 岁
F. 纸袋、铅笔、对照表

寻　宝

可能你小时候玩过类似的游戏，现在我把它改编来发现自然物。让孩子们列出一张“宝物清单”，请他们细细想，细细找。我列了一张供你参考，但你还是要自己准备。所列之物要能在当地找到。

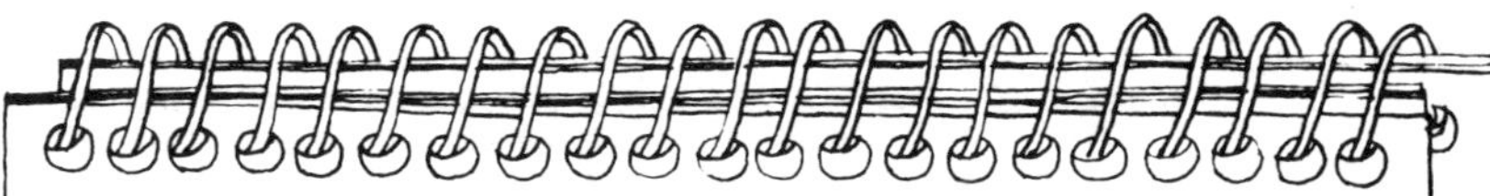

宝物清单

（只拣安全无害的东西）

1. 一根羽毛
2. 一颗靠风力传播的种子
3. 某物，要 100 个
4. 一片树叶
5. 一根刺
6. 一根骨头
7. 三粒不同的种子
8. 一只伪装的动物或昆虫
9. 圆的东西
10. 碎蛋壳
11. 毛茸茸的东西
12. 尖的东西
13. 一块毛皮
14. 五种废弃物
15. 非常直的东西
16. 美丽的东西
17. 你认为没有用的自然物
18. 一片咬碎的叶子（不是你咬的）
19. 会响的东西
20. 白色的东西
21. 你认为重要的自然物
22. 跟你有关的东西
23. 软的东西
24. 能吸收太阳能量的东西

野生动物大聚会

用这个游戏介绍动物分类，孩子们会表现出极大的兴趣，即使是对最常见的动物也是如此。

在索引卡片上写下常见动物的名称。（如果有图片效果更好，因为直观的图片能帮孩子找出更准确的答案。）然后把卡片或图片用大头针别在每一位参与者的后背上。在你发出信号后，孩子开始根据线索，来确定自己是什么动物。鼓励孩子和其他的成员间互相提问，但只能互相问一个问题，答案只能为“是”、“不是”、“不能”。（在玩这个游戏之前，和孩子讨论一下所提问题的类型和范围，这样有助于他们找到正确的答案。）

提醒孩子们提出针对动物特点的问题。比如，像“我有翅膀吗”这样的问题比“我是一只蝴蝶吗”更富有教育意义。（对于第一次玩这个游戏的孩子来说，告诉他们一些提问的例子，会有助于他们确定自己的“身份”。）

要给每个孩子以成就感，要根据他们的知识水平确定标准答案。例如，对一个普通小孩子来说，“鸟”就是一个很棒的答案了。对于能分出不同种类的鸟的孩子来说，“麻雀”才是正确答案。而特别活跃的观鸟者也许会更专业，答案就变成了“北美歌雀”，甚至到麻雀的某一亚种，才能算是正确答案。

一旦某个孩子觉得有把握知道背上的动物，他就会猜：“我是……”如果他猜对了，就把卡片别到胸前。这样你就可以知道哪些人已经做完了，哪些人还没有做完。

A. 激发热情
B. 动物分类
动物生态学
C. 白天，任何地点
D. 4 人以上
E. 7 岁以上
F. 大头针，索引卡片

这个游戏除了教会孩子们一些动物分类的知识，还能培养孩子以下三种品质。

1. 开阔思路。避免先入为主的成见。“我生活在森林里，是温血动物，通常在夜间活动，我会飞……哦，这表明我会是只鸟。”（确实，正确的答案不可能是一只会跳的松鼠。）

2. 分析能力。利用新的信息，并对新信息的有效性进行测试。(a) 我会游泳，是温血动物。（那我会是一只鸟或一只哺乳动物，但什么鸟和哺乳动物会游泳呢？）(b) 是啮齿目动物中的一员吗？但我是个食肉动物。我应不应该相信小杰的回答，因为很少有啮齿目动物是食肉的。除此之外，我有类似于狗的趾印。我打赌，我是一匹狼或是一只狐狸。我要问玛丽，我的嗥叫声是否高亢？

3. 关心他人。我之所以特别喜欢这个游戏，是因为孩子能在其中互相关爱和鼓励。有些孩子一定要让所有人都猜出了才会罢休。我经常看见六七个孩子围着最后一个孩子，一直鼓励他，直到他猜出为止。

对大一点的孩子可以对内容做相应的调整。下面列举了一些问题，能帮助你缩小问题的范围。（比如说哺乳类、昆虫类、两栖类等。）如果你想知道更多动物个体特征，我建议你读生物学课本或者动物学方面的参考书。

“我是脊椎动物吗？”

如果答案是肯定的，有 5 种可能：鱼类、两栖动物类、爬行动物类、鸟类和哺乳动物类。若将脊椎动物细分，就接着问这个动物是温血动物还是冷血动物。冷血动物的体温随着周围环境的变化而变化，它包括大部分鱼类、两栖动物类、爬行动物类。温血动物的体温是恒定的，不随外界环境温度的变化而变化，它包括鸟类和哺乳动物类。

如果答案是否定的，则是无脊椎动物，这时有几种常见的无脊椎动物可供参考：环节动物（如蠕虫、水蛭）、棘皮动物（如海参）、软体动物（如蜗牛、蛤蜊）、甲壳纲动物（如蟹、虾等）、节肢动物（如千足虫、蜘蛛）。如果进一步细分，则可以问“我是不是那种脚有接缝关节的动物？”

下面有一些问题会帮助你进一步缩小选择的范围：我是一只食肉动物吗？我会游泳吗？我会飞吗？我生活在海洋里、沙漠中还是别的地方？我有 2 只、4 只、6 只、8 只还是 8 只以上的腿呢？我有艳丽的色彩吗？我在夜间活动吗？但是一次只能问一个这样的问题。

诺亚方舟

A. 激发热情
B. 动物的活动、行为
C. 日夜皆可，任何地点
D. 6 人以上
E. 5 岁以上
F. 卡片、铅笔

这个游戏要求你为在诺亚方舟上的动物群找到自己的伴侣。开始之前，查一下人数，然后列出一个动物名单，数量是人数的一半。（选择特征明显的动物，比如具有独特的声音或运动姿态，如鹤、蛇、鸭子、蝴蝶、青蛙、山狗等。）

将每个动物的名字写在两张卡片上，保证数量够一人一张。如果孩子的总数是单数，就把同一名字写在三张卡片上，使其中一组动物有 3 个人。

让孩子们围成一圈，把卡片洗一遍，然后分发下去。看看自己是什么动物（不要说出来），再把卡片收回来。

在你的指示下，为了吸引同伴，参与者开始模仿他们所代表的动物的姿态，发出叫声，表演典型的动作。“动物们”或低声吠叫，或呱呱叫，或尖叫，或吹哨，或昂首阔步，或上下摆动，或跳跃，总之，发出各种各样的声音，做出各种各样的姿态，使活动变得非常的有趣。他们可以随心所欲地发出一些他们所想要的声音，但不许说话。每个动物必须纯粹用动作和行为来吸引同伴。这个游戏会在欢笑声中结束。

A. 激发热情
B. 动物特征与行为
C. 日夜皆可，任何地方
D. 每组 3 到 6 人
E. 7 岁以上

动物肢体

“动物肢体”的游戏特别适合家长与孩子一块儿玩。不同年龄的人开心地一块玩是令人心动的情景。

给孩子分组，每组 4 到 5 人。要求每组选一种他们认为有趣的动物，然后要求他们模仿这种动物。给每组时间准备表演，然后开始表演，其他小组来猜他们表演的是哪一种动物。（鼓励他们模仿动物的运动方式，而不是依靠道具或发出声音。）

给每组大约 5 分钟的时间去准备。“噢，不，一只蝎子有 8 条腿，我们可扮作腿，我也可扮作头。我身体向前倾，胳膊可比作钳子……噢，我还可以扮作尾巴，但是我想我可能坚持不了多长时间。你们身体前倾，相互抓牢。准备好了吗？”

其他组的成员要在表演组共同表演后，猜他们模仿的动物名字。

A. 激发热情
B. 自然史、记忆力、团队精神
C. 日夜皆可，任何地方
D. 6 人以上
E. 8 岁以上
F. 动物线索卡、绳子、铅笔和纸

动物接龙

“动物接龙”的游戏使学习变得令人兴奋，特别适合在刚上课时活跃气氛，也可在午饭后或者下午结束之前做，帮助孩子振作精神。

开始，先围成一个大圆圈，直径大约 11 米。你要设好边界，保证每组距中心等距离（大约 5 米）。你会发现，绳子是设定边界的最佳工具，比其他工具都好使。

给孩子们分组，每组 3~5 人，分给每组一支笔、一张纸。为了增加乐趣，让每组给自己起个有趣的自然物的名字（比如水蚤、勿忘我、袋獾等）。现在让每个组在圈外找一个地方，要求他们自我介绍。

在圆圈的中心摆 30 张动物线索卡片，正面朝上。告诉孩子们每种动物有 6 张卡片，游戏的目的是每组猜出五种动物。

（告诉孩子有些线索是概括性的，很难指示某种特别的动物；而另一些线索是特指的。）小组不必把每种动物的6张卡片都找齐，只要能确定是哪种动物就够了。记得告诉孩子五种动物区别很大、特点分明。比如，狼和狐狸不会出现在同一组。

游戏开始。每组一次派一名队员拿一张卡片。跑过去的人可能直到返回小组才有机会看卡片上写的是什么，组员们读卡片上的内容，猜猜是什么动物。第二个队员把第一张卡片还回去，再取一张新的。每组一次只能有一张卡片。活动一直持续到他们把五种动物全部猜出为止。

当小组已经拿了6张卡片，你要提醒队员，仔细看卡片上的文字，确保没读过这张卡片。到最后的时候，可以允许还没猜出来的组每次取两张卡片。

当某个小组认为他们已经猜到五种动物了，则他们要向裁判员报告他们的答案。（注意：一些小组会抢着回答。要提醒每组要有充分的把握，合理地推断某种动物，这点很重要。通常最先完成的小组的分会最低。）

孩子们在取得成功时总会很高兴。我喜欢用如下的打分方式鼓励每位参与者。孩子们总是很高兴自己的小组得高分。

猜对一个加1分，猜错一个扣2分。每猜一次每组有9分附加分，一共有 5 次机会。第一个完成的组加 3 分，第二个完成的加 2 分，所有完成的都加 1 分，然后再乘 2。

假设一个组猜到了四种动物。告诉他们："你们猜对了四种，加 4 分，因为你们做完了游戏，再加 1 分。"（因为该小组不是前两名）"你们猜了五次，共有 45 分。45 加 4 加 1 等于 50。有一个答案不正确，再扣掉 2 分。你们得 48 分，再乘 2，就是 96 分。太棒了！"

以下是海洋生物的卡片示范，你可以把他们用在你自己的游戏中。

我们的许多同伴身上会有藻类以及其他生命，用来伪装自己。鱼、鸟、海豹、章鱼以我们为食。我们只有少数生活在淡水里。

鲨鱼

我有鳍，我必须不停地游，否则就会沉没。我不像鱼一样有气囊，可以在水面漂浮。这就是人们总看见我在四处游动的原因。

海星

我张开贝壳，把我的肚子移到壳上。然后，壳上分泌汁液，帮助我进食。我有红色的、橘色的和黄色的。

当我还是婴儿的时候，我就有 7 吨重，7 米长。我每天体重增加 90 千克，每小时增加 4 千克。我成年时，每天能吃 3 吨食物。我以磷虾为食。（有人认为我是鱼，其实我不是。）

第五章　玩耍与发现

本章的游戏充满了悬念和刺激，非常好玩。我相信，自然游戏是孩子们的向导，能带着他们更加深入地欣赏自然。我最大的愿望就是孩子们初识自然时涌起喜悦的感觉。这样，他们同自然界的接触从一开始就有愉悦感，并一直令他们陶醉其中。

这些游戏中孕育的精神内涵，传承于印第安男孩在大草原上的成长经历：偷偷地接近动物和“敌人”；悄无声息地移动；学会避开敏锐的眼睛；训练耳朵来辨认各种声响；用眼睛观察一切细节；练习快速吃饭和敏捷地行动。印第安男孩的这些游戏对他们日后成为猎人是很有帮助的。这使他们能够找到食物，能够和生活在同一土地上的动物朝夕相处、亲密无间地交流。

捕　马

在俄亥俄州代顿的奥杜邦自然中心，有一片草场，那里的草有 20~25 厘米高。我在那儿工作的时候，我们划出了一块草地来做探险、捉迷藏和赛跑等游戏。在那块美丽的草地上，我们玩“捕马”的游戏。

我对孩子说：“从前，村子里的马常常在大草原上走失，村民就去大草原上找。一个人会爬到树上眺望，看见马就发出信号，告诉村民们马的位置。”在奥杜邦中心我们让一个孩子爬到树上，用一大块红色的围巾作为信号。马藏好后，搜寻便开始了。马会被发现好几次，可搜索队一靠近，马就逃走了。这时，放哨的就会给出新的方向，孩子们接着奋力寻找。

孩子们非常喜欢在草原上玩耍，所以每次我们告诉他们草原会被焚烧时，他们都十分愤慨。（奥杜邦协会每两年烧一次草原，以防止其变为森林。）我的感受是，一旦人们与自然的某个方面有了第一次正面的、愉快的接触之后，他们就会自觉地保护它。

A. 激发热情
B. 冒险精神
原始生活
C. 白天，草原
D. 4 人以上
E. 5~14 岁
F. 红旗

麦田和繁茂的草地是做这个游戏的理想场所。从团体中选出一位行动敏捷、耐力好的孩子（也可以是成年人）充当“马”。让所有人闭上眼睛，给“马”3 分钟的时间隐藏。时间一到，每个人就开始穿过草丛寻找“马”。第一个看到“马”的人招呼其他人一起追捕。

我记得特别清楚，有一次和三年级的一个班同学玩这个游戏时，孩子们在二十多分钟的时间内不停地隐藏、躲闪，玩得非常过瘾。好几次，老师组织他们向我包抄，但每一次我都从即将合围的圈子中突围。最后，我们都筋疲力尽，我觉得天旋地转，仰面朝天地倒了下去，孩子们便一个接一个地压在我身上。我只觉得孩子们、绿草、大树以及头顶广阔的蓝天似乎都在不停地旋转。我们一块儿躺在那儿，但每个人都想像出独自一人在草原上的可怜情形。

A. 集中注意力
B. 平静，观察力
C. 夜晚，大路或小径
D. 4 人以上
E. 7 岁以上
F. 闪光灯

伪 装

玩这个游戏的最佳时间是傍晚散步回家途中，也可以在美丽的夏夜，或黄昏刚刚降临的时候。

把孩子分为两组——隐匿者和搜寻者。隐匿者在道路两旁指定的地区藏起来，具体藏身地要根据离道路的距离远近、月光的明暗程度和搜寻者是否带手电筒而定。每个藏起来的人，至少要暴露点什么。因此他们要尽量和周围的自然物融合在一起，才不会让人发现。

美洲的印第安猎人有时为了捕猎会“乔装打扮”，他们会尽力像动物那样去思维，进入它们的感觉中去。猎人知道他所要捕猎的鹿、熊或者小鸟，不仅能用眼睛、鼻子和耳朵感知到他的存在，还有直觉来感知。人也是有这种直觉的，隐匿者会尽力让自己与环境融为一体，而搜寻者则会尽力去感知石块和树叶中的“附加”的部分。当所有的搜寻者都走过去后（他们应该前后靠得紧凑一些），未被发现的隐匿者就可以“现身”了。

A. 激发热情
B. 探险、警戒性、悄悄前进
C. 白天，森林里
D. 13 人以上
E. 9 岁以上
F. 咖啡豆发出声音的小玩意

穿越野人林

勇敢的年轻冒险者，穿过一片野人出没的森林，直至到达安全地带。

找一片灌木丛生、枝蔓缠绕、小径隐然的地方，有繁茂的树林最理想。（但必须没有带毒的浆果和常春藤。）划定野人林的范围，范围大小取决于参加游戏的人数和植被的茂密程度。如果地势平坦、开阔，树木不很茂密，或者参加游戏的人很多，你就应把范围划大一点。

选出 5 ～ 8 个成人或是大孩子扮成野人，他们先要装扮一下，用泥土和番茄酱涂在脸上，看上去野蛮残酷，浑身上下挂满各种能发声的小玩意儿。“野人们”四下分散在灌木丛中，伺机抓人，或者制造惊险气氛。

在进入丛林之前，给每个孩子发4颗豆子，要是被“野人”抓住，就给“野人”一颗豆子。孩子们应及时交出咖啡豆，然后回到起点，重新出发。如果豆子都被抢光了再给他一些。退回起点的孩子沿着游戏区边缘走回到起点，以免“野人”弄混了。

孩子是否玩得开心，关键在“野人”。“野人”要尽力让孩子们快乐，而不是光顾着抢豆子。他们可以在距孩子一步之遥时，故意做出受惊跌倒的样子，放走孩子们；可以给跑得快的孩子多设陷阱，而放过跑得慢的孩子。孩子们很喜欢这种刺激，很多天后还津津乐道。

当孩子们组织好，准备向丛林进发时，大叫：“野人，你在哪儿？发出点声音，让我们知道。”这些连续不断的鸣叫声、口哨声、号角声、锡盆的敲击声、尖叫声组成一曲壮丽的交响乐，使孩子们对进入森林感到兴奋，跃跃欲试。

沉睡的护宝人

从孩子中选出一人扮演“沉睡的护宝人”，其余的人当“盗宝人”。护宝人蒙上眼睛坐在地上，小心地守护着面前一块价值连城的“宝物”（可用石块或旗帜代替）。但他已经睡着了，不能一直清醒地守护他的财宝。

盗宝者在 30 步开外围成一个圈（若地上有东西踩上去会

A. 集中注意力
B. 安静、注意力集中、悄悄前进
C. 白天，林中空地
D. 5 人以上
E. 6 岁以上
F. 眼罩

发出声响，你可以缩短距离）。一声令下，盗宝人开始悄悄地接近中心（如果孩子们愿意，可以鼓励他们光脚走）。他们接近宝物，但是不能惊醒护宝人，因此他们必须控制好自己的身体和动作。如果护宝人听到有响动，用手指向盗宝者的方向，若指向正确或基本正确，被指到的盗宝人就被定住了。通常争论难免，这时就应该有裁判。

当许多盗宝者都被定住后，中止游戏，允许被定住的盗宝者返回原地，重新开始。这样，谁也不会被冷落太长时间。已经成功地接近财宝的人，退回边界，静静地等待游戏的结束。不允许在其他噪音的掩护下靠近财宝，也不允许冲向财宝，每个人只能悄悄地慢慢地走向护宝人。成功的盗宝者将成为下一次游戏的“护宝人”。

在这个游戏中每个人都很安静，如果游戏是在野外进行的，孩子们就有机会看到很多动物。同时，这也是让特别吵闹的孩子安静下来的一个好游戏。

A. 激发热情
B. 警觉性，集中注意力
C. 白天，林中空地，或封闭的道路
D. 6 人以上
E. 5 岁以上
F. 眼罩

蝙蝠和蛾子

让孩子们围成一个直径为 3 ～ 5 米的圆圈，选出一个孩子当蝙蝠，蒙上眼睛，站在中间。指定 3 ～ 5 名孩子充当蛾子，也让他们站在圆中，蝙蝠尽力去逮蛾子。

只要蝙蝠一叫“蝙蝠”，蛾子便回应一声“蛾子”。告诉蛾子们：“每次你们听到蝙蝠喊‘蝙蝠’，那是它的雷达波撞上了你。它发出这种信号来探测周围是否有物体。它的声音撞上你，反弹回去的信号便是你所喊的‘蛾子’，像雷达信号一样，于是，它知道蛾子就在附近，并准备出击。”

蝙蝠根据蛾子的动静跟踪追击他们（鼓励蝙蝠伸手摸索四周）。一只成功的蝙蝠要聚精会神、自信而且行动敏捷。试着找一个人这样扮演蝙蝠，会增加很多乐趣。必要时，可以缩小圈子：“好，大家每人向前迈一步。”

两只蝙蝠同时在圈中捕食，会让孩子们更兴奋。应鼓励蝙蝠们组成一个协调行动队。我常常选一个高的和一个矮的充当蝙蝠，这样他们撞在一起时也不会碰着头。

“蝙蝠和蛾子”的游戏可以用来教适应、自然选择、食物链、听觉等概念。当所有的蛾子都被抓住后，问问是否有人知道什么办法能让他们活得时间更长。动作敏捷、轻盈、弯腰弯得低的蛾子活得长！告诉孩子们，在自然中有这些特点的蛾子生存能力更强，这就是自然选择。

孩子们喜欢“蝙蝠和蛾子”这个游戏。我遇到的惟一难题是在玩过这个游戏后，孩子们对其他的活动就都没多大兴趣了。

守路人

玩这个游戏要在晚上，在没有车的马路或者胡同里玩。守路人被蒙上眼睛，手持电筒坐在路的中间。其他孩子在15步开外的地方排成一排。然后几个孩子一起蹑手蹑脚地经过守路人，到达守路人背后3米远的大本营。如果守路人听到声音，他就把手电筒照向那个方向，凡被电筒照到的人就必须定住。（不允许用手电筒四处乱照。）当几个孩子都被定住之后，让他们回到起点，重新开始游戏。第一个经过守路人到达大本营的人。就是下一次游戏的守路人。

A. 集中注意力
B. 安静、集中、
   悄悄走近
C. 晚上，路上
D. 5 人以上
E. 5~13 岁
F. 一个电筒

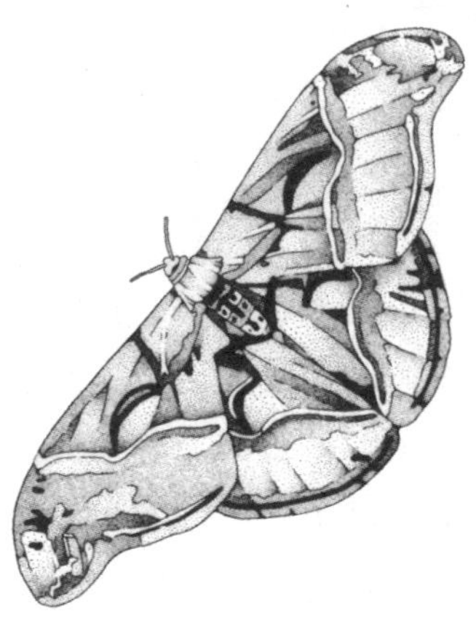

第六章　观察和吸引动物

几乎所有人都喜欢动物。我觉得之所以如此，是因为动物有种自然、纯真的特质，它们不时地提醒我们：世界上所有的生命——包括人在内，都有权利追求自由自在的生活。

儿时一次难忘的经历，让我成年后对沼泽和自由无羁的生命眷恋不已。那是一个寒冷的、白露茫茫的早晨，我独自一人在沼泽边玩耍。忽然听见空中传来一阵“喀呵”的叫声，这让我惊讶不已。我急切地在雾中搜寻，希望至少能看一眼那些天鹅。时间一秒一秒地过去，天鹅的叫声越来越大了，就快要从我头顶上飞过去了，我甚至能听到他们就在我头顶几米高的地方扇动翅膀的声音。突然，浓雾裂开了一个口，一群雪白的珍珠般的天鹅出现在我眼前，好像是上天赋予了它们生命。有五六秒钟，柔滑光亮、优雅的身影呈现在我眼前，然后又消失在浓雾中。那渐渐远去的声音仿佛在说：“跟我们走吧，跟我们走吧。”当我长大了，我真的曾经追随它们，与之同处。

现在我住在森林里，很少看见天鹅。但每当有天鹅从头顶飞过，他们的叫声总会再度勾起我“随之而去”的念头。

孩子们特别留意自己与动物之间的亲密关系。（他们的宠物、玩具熊、有关动物的书本和图片就能证实这点。）每个孩子野营后最想告诉别人的事就是看到了哪些野生动物。这一部分的游戏就是教孩子用一些简单而有效的办法吸引动物。

唤 鸟

长期以来，观鸟者常常被人们看作一群怪人，他们常常带着笨重的望远镜、相机和笔记本，不知疲倦地在森林里长途跋涉。当你一旦有机会去亲近这些鸟，你就会被它们美丽的外形和悦耳的鸣叫所倾倒，在鸟的栖息地流连忘返。你会发现自己不但能够理解那些爱鸟者，而且自己也会深爱上这些美丽的小精灵。

在鸟的世界里你会发现：高贵的美丽和令人难以想象的舒畅，完美的和谐和难以置信的笨拙，让人胆战心惊的强大和不堪一击的脆弱，既有高空翱翔的矫健，也会有叽叽喳喳的吵嘴、饶舌。

A. 直接体验
B. 吸引鸟儿、同情、耐心
C. 日夜皆可，灌木丛、森林
D. 1 人以上
E. 4 岁以上

我们可以模仿鸟叫。这能吸引一些小的鸟：麻雀、鸣鸟、燕雀、娄鸣鸟、山雀、五子雀、蜂雀、京燕、金莺、戴菊鸟、鹪鹩等。在下面一章中，你会学会如何去吸引较大的猛禽。

这种鸟鸣由一系列有节奏的重复的“pssh”组成。不同的节奏适合于不同的鸟，你可以从下面一组简单的鸟叫开始练习。

pssh……pssh……pssh

pssh……pssh……pssh…… pssh……pssh……pssh

每一声至少应持续 3 秒钟，通过反复的实践后，就知道哪一种节奏最适合于你所在地区的鸟。

当你想吸引鸟儿时，为了效果好，最好等待着鸟儿飞到你附近，然后在灌木或乔木旁边隐蔽起来，同时也给鸟一个栖息之所。连续鸣叫三四遍以后，间歇一会儿，等着鸟儿的来临。

鸟儿一旦行动，速度会很快。有些鸟会飞到最近的枝头观察到底发生了什么，其他的则小心翼翼地慢慢靠近。当鸟儿已经来到近处时，为了不让它们离开，你应该再模拟一段简单的鸟叫。我认为这种“pssh”之所以起作用，是因为这种声音同许多鸟的警戒叫声相似（有一些自然学家认为这声音像鸟妈妈呼唤孩子们的声音；也有人认为，它仅仅激发了鸟的好奇心）。

较小的鸟不太喜欢食肉动物，往往会合力包围一只隼或猫头鹰，试图驱逐他离开。我和一群童子军远足时，曾有一次被鸟群“包围”的经历。当时我们正在一丛低矮的灌木丛中离我们 2 米多的地方有一只树貂。（树貂与黄鼠狼似乎有一些关系，大小与一般小的家猫差不多，有时以鸟为食。）

我们在灌木丛中发出“求救信号”，不一会儿，十只鸟儿已聚集在我们周围来援救我们。它们在离貂很近的地方停下来，在貂旁边叽叽喳喳地叫个不停，似乎在谴责它，最后终于迫使貂离开。

孩子们似乎很喜欢这种鸟叫声。许多次，我同一群孩子们安静地躺在林间空地中，嘴里模仿鸟叫，看着一群鸟儿在头上飞来飞去。

用录音机把长耳鸮的叫声录下来，效果会更好。（长耳鸮是一种小型猫头鹰，有时吃小鸟。）很多次，我播放长耳鸮的录音后，周围出现六七十只鸟，他们围着我唱歌。我喜欢轮换着来，先放几声长耳鸮的叫声，再放 pssh 的声音，再放长耳鸮的叫声。长耳鸮的录音非常有效，因此在繁殖季节尽量避免放长耳鸮的录音。

树枝上的鸟

这个活动的灵感来自多年前听到的一个说法。据说，有两类研究鸟的人，第一类人是远远地观察鸟，记录下它的生理特征和行为；另一类人则是与鸟很亲近，鸟儿把他们视为同类，甚至会停在他们身上。

我虽不能像圣方济各那样对鸟布道，但十分羡慕他与鸟类的灵犀相通。我想，如果我在观察鸟的过程中精心设计一些道具，鸟儿会不会来呢？我用“Pssh”的声音唤鸟好多年了，小鸟曾经几乎就停在我的头上。如果我用毛毯裹着全身，手里拿着一根树枝，会发生什么呢？鸟儿会不会停在树枝上呢？

不久前，我拿了一条旧的绿色的毛毯子和一根约 2 米长的树枝在森林里晃来晃去。听到了鸟叫，我停了下来，坐在地上，用毛毯把自己从头到脚裹起来。我手持一根树枝，让它立着，一动不动。我开始发出“Pssh”的唤鸟声。不一会儿，我听到了越来越近的“aand—aand—ands”声，几只红胸脯的五子雀悄然而来。（红胸脯的五子雀有点像微缩的啄木鸟。）

在最高的那棵树的枝杈上出现了两只好奇的五子雀，他们停下来四处张望。因此我再次呼叫起来，其中一只猛扑下来，停在我手中握着的枝杈的末端。它开始按照它自己的方式慢慢

A. 直接体验
B. 吸引鸟儿、同情、耐心
C. 日夜皆可，草丛、森林
D. 每组 1~3 人
E. 7 岁以上
F. 单色的毛毯毡子，树枝

向我靠近，直到离我只有半米才停下来，盯着我被树的阴影覆盖的脸。与此同时，另一只五子雀开始在最近的一棵树上和我手中的棍之间飞来飞去。

在此有些经验之谈，有助于鸟儿飞到你的枝头。1. 鸟儿在清晨最活跃。2. 鸟儿不怕素色的毛毯（要挡住脸）。3. 在能够遮掩身体的草丛和树林里，鸟儿容易靠近。4. 选一个能听见鸟儿活动声的地方。5. 你藏身之处不要有树木，鸟儿别无选择，就会停在你的枝头。6. 握住树枝不动。（小孩子可以守住一棵小树来当作他的树枝。）

招引食肉动物

食肉动物非常警觉。你很少能看到狐狸、豹、狮子、雕或鹰，除非你运气好碰上，或者成功地追踪到它们的洞穴。但是一旦你确实看到它们，会被它们那罕见的野性美所震撼。你可以在运动品商店买一只用来召唤食肉动物的笛子。其笛音类似受伤的兔子发出的声音。可有时，一些好奇的草食性动物也会被招来，如鹿就会因好奇而靠近。

找一处动物活动频繁的地方（通过动物足迹和粪便可以确定）。藏身在灌木丛或其他自然掩体中，周围要空旷，因为这样就可以在它看到你之前长时间地观察它。一群大学生对此就没加留意，结果一只狐狸竟然跑到了他们中间！

吹笛子时，用大拇指和食指夹住其中部，小指放在尾部。第一声保持小指盖住尾部，以抑制声音，然后松开小指，发出鸣叫声，最后用中指使笛子发出一声哀鸣，如此反复进行。整个声音如同尖叫或哀鸣，有些像婴儿的哭号。

你希望尽可能多的动物听到这种呼叫，所以不妨制造一连

A. 直接体验
B. 吸引食肉性动物，
克服恐惧，培养耐心
C. 黎明、黄昏、夜晚，
有植被的地方
D. 1 人以上
E. 7 岁以上
F. 哨子

串的高音吸引它们，然后逐渐降低音量。要保持警觉，因为一只狐狸可能从背后悄然而至。

这种对食肉动物的呼叫不是每次都能成功，不过一旦奏效，结果将令人着迷。我和一群童子军曾看见在离我们约 18 米远的地方，一只野猫摇摇晃晃地向我们跑来。还有一次，一只雄鹿听到呼唤声后向我们跑来，并对我们发出哼哼声。有一次，我和另一组童子军曾碰到一只巨鹰，像子弹一样尖叫着从我们头上呼啸而过，紧接着我们又发现了另一只盘旋于我们头顶的红尾鹰，这时我们几乎完全忘记了那只巨鹰。不料它正从我们背后悄悄逼近，直到一名小童子军突然移动，才把巨鹰吓走，当时它距离我们不过 10 米。

在呼叫动物的半个小时内，孩子们通常表现得安静、专注。即使没有食肉动物或鹿靠近，孩子们对森林的神秘和宁静、松鼠的打闹和各种鸟叫也有极大的兴趣。

A. 集中注意力
B. 悄悄前进、野生动物观察
C. 黎明、黄昏、夜晚，任何地点
D. 1 人以上
E. 7 岁以上

徒步侦察

在准备出发之前，为了营造孩子们喜欢的神秘气氛，我用严肃、神秘的口气告诉他们："我们将要执行一项特殊的任务。我们的任务就是要彻底地搜索周围的地区，一丝一毫也不能错过。我们要观察和记住所有自然物的特征和生命形态。不久前在这个地区发现有一些食肉动物活动的痕迹，因此大家要藏好，以防被发现。"

徒步侦察有以下几点注意事项：

1. 穿毛的或棉的衣服，以免发出声响。

2. 服装的颜色要与周围相配，以达到伪装自己的目的。

3. 涂黑面孔和双手。

4. 穿一双走路不发出声响的鞋或干脆赤脚。

此外，行进过程中应遵守以下原则：

1. 尽量利用物体遮住身体。

2. 慢慢地移动，每隔几步停下来看看四周。

3. 别顺风走，这样你的气味就不会首先被猎物捕捉到。

伪装侦察提高了孩子对周围环境的认知和描述能力。因为孩子们都很安静、

警觉，因此极有可能看到野生动物。我记得一次环境教育野营中有四个六年级的孩子，他们一定要看到野外生物。“徒步侦察”的灵感就是由他们的热诚所引发的。

野营的第一天，四个孩子就问我他们怎样才能够看到更多的动物。因为他们也对印第安人感兴趣。我就说，印第安人的猎手们过去常常为了驱散身体的那股气味而绝食几天，因此他们要捕猎的动物就闻不到他们身上的气味。我没想到孩子会把我随口说的话当真，而且比任何印第安人做得还彻底。

第二天当我们正在游泳时，其中的一个男孩子陷到黏湿的泥巴里，大家赶紧去拉他。一会儿，就个个都成了泥人。其中的一个男孩，浑身满是泥巴，兴高采烈地喊：“动物既不能闻到也不能看到我了，因为泥土完全遮住了我的身体。”

用泥巴把身体遮得更加完美，然后警觉地向丛林地区靠近去搜索动物。那是在中午，大多数的动物都处于不活跃的状态。但我们仍然有很多乐趣：我们发现了一块理想的空地，然后分散开来，围绕着它，过了一会儿，一声号令，5个褐色泥饼似的身形从石头后、树木间或草丛后面出现。一个小时后，身上开始奇痒无比，我们赶紧跑回营地去洗澡。我们一进门，就有一位老师拦住了我们。他告诉我们教育局的人刚到，要视察营地。无论我们多痒，我们也只有在林子里躲着等他们离开。这种等待十分痛苦，不过看着孩子们发出阵阵笑声，痛苦减轻不少。

第七章　探索大地之心

我的小朋友凯蒂野营一周回来后，兴奋地给我讲他们攀岩、爬山、划船等各种活动。“你最喜欢什么？”我问。“在大自然里一个人待着。”她简单的回答让我感到震动。

对孩子来说，独自在户外能产生强大的内在力量。大自然本身就是一位老师，在那里，他们直接和岩石与树木交流。看到孩子们沉浸在自然中，敞开心灵与自然彼此接纳，令人感动。我总是高兴地发现孩子们在给自己的小天地起名时，充分发挥了创造性。他们会给自己的小天地起名“安静的峡谷”、“遥远的风景”、“摇曳的树林”。独自体验自然对人们有极大的

吸引力，因为我和朋友迈克尔合写了《大地之心——探索指南》。该书指导孩子们通过五个活动，在自然中探寻自己的一块小天地。用不同的故事和活动指导孩子们进行探索，会帮助孩子们有效的利用时间。对一个特定的地方产生感情，会激励孩子关爱整个大自然。

接下来的三个活动取自《大地之心——探索指南》，可以让你有所了解。

探寻一块自己的天地

A. 直接体验
B. 吸引食肉性动物，克服恐惧，培养耐心
C. 黎明、黄昏、夜晚，有植被的地方
D. 2 人以上
E. 10 岁以上
F. 哨子

最好选一个动植物丰富的地点，有助于小组里每个孩子找到自己的小天地。如果孩子年纪偏小，最好选视野开阔的地方，保证所有孩子都在你的视线范围内。如果整个地区是安全的，有户外活动经验、大一点的孩子就可以走远点。

告诉小组成员，他们要在约定时间（25~40 分钟）内，按照“探索指南”的要求，找到自己的地方并作相应的活动。他们不用每个活动都做，但要做他们最感兴趣的以及对自己的天地最有意义的活动。他们可以邀请一位客人来参观自己的小天地。大家在约定的时间集合，两人一组分享（大约 20 分钟）各自的见闻。接着集体分享，交流各自的发现。

依据“探索指南”独自活动——35 分钟

2 人一组分享——20 分钟

集体分享——15 分钟

把铅笔、垫板和“探索指南”发给孩子，带着激情介绍“探索指南”里的活动，激发孩子探险的热情。比如，让孩子画幅画反映他的小天地，然后让他的朋友拿着画，看能否真正找到那个地方。

让孩子在指定区域内活动，并在指定时间返回。告诉他们你会四处走，看他们在做什么。

给每个小组制定合适的活动时间，允许他们根据活动内容调整时间。如果小组注意力集中的持续时间较短，而且需要指导，活动可以单独进行。

探索指南

通往我的小天地的路线：

探索者：______________________

第一印象

选定了自己的一块天地后，花点时间四处走走，体会其中的乐趣，然后选一个舒服的地方，开始思考回答以下问题：

这个地方，首先引起你注意的是什么？

____

____

____

____

____

____

你对这个地方有哪些感受？

____

____

____

____

____

____

为自己的小天地起个名字，如果以后想到更好的，还可以改。但先起个名字，你就对这个地方产生了感情。

我的小天地命的名字：______________________________

探索指南

A. 找到最美的风景，并为之命名。画下来，然后看是否有朋友能按图索骥，找到你的小天地。

B. 找到聆听自然的最佳位置，看自己花多久能听到五种声音，看能否找到五种声源。

写出五种声音及声源

1)____________________________________

2)____________________________________

3)____________________________________

4)____________________________________

5)____________________________________

C. 用文字或拼音记录听到的鸟叫或其他自然的声音。比如一群加利福尼亚鹌鹑的叫声是“芝——加——哥”，海豹的声音是“啊哇，啊哇”

你听到的声音是：________________________

D. 找到一棵最老的树或你最喜欢的一棵树，画下来，并说说你认为它有什么独特的地方。

E. 用手去发现最温暖和最冷的地方，再找找最干燥和最湿润的地方，你还能找到风最大和最避风的地方吗？画个草图，把以上各处标出来。

F. 在一个陌生的地方站定，闭上眼睛，集中精力去闻，找到三种味道并描述它。看你能否找到它们从哪来？

1)____

2)____

3)____

G. 找到一样东西：

1）有五种以上的颜色，但很小；

2）让你发笑。

探索指南

写一首诗，让你更深入了解自己的天地。选一个最心爱的地方，坐几分钟，观察、感受，注意周围每种事物的独特品质。如果看见一群飞鸟自由翱翔，就在你心中体验飞翔的快乐；看到树在风中摇摆，仔细体会其中的力与美。

试着写一首藏头诗，你会惊奇地发现其实很容易。

我在意大利苏巴欧山脉旅行时，用“*Spring*”做了一首诗，描述当时白云飘飘，山花烂漫的景象。

Spring

Sun—made cloud shadows
Placed on the earth
Running across its surface
In and out the sun I sit
Not long does the cloud's twin stay
Going, going on its way

这首诗每句的第一个单词首字母连起来，正好也是spring（春天）这个单词。

为你的小天地赋诗

用英文写藏头诗颇有难度，不妨试试中文藏头诗。如：

藏头诗·春暖花开

文／束昱

春消冰雪雁鸿归，
暖气犹更大地衣。
花不待人悄然发，
开门原野满芳菲。

试着选一个词语，每行写一个汉字，再用这个汉字开头写出每行诗，再把每句的第一个字连起来读。也可以写英文藏头诗。

______ ______________________________
       ____
______ ______________________________
       ____
______ ______________________________
       ____
______ ______________________________
       ____
______ ______________________________

探索指南

每人从各自的小天地返回后，写一封邀请信。如果没有，就按照图示做一份。

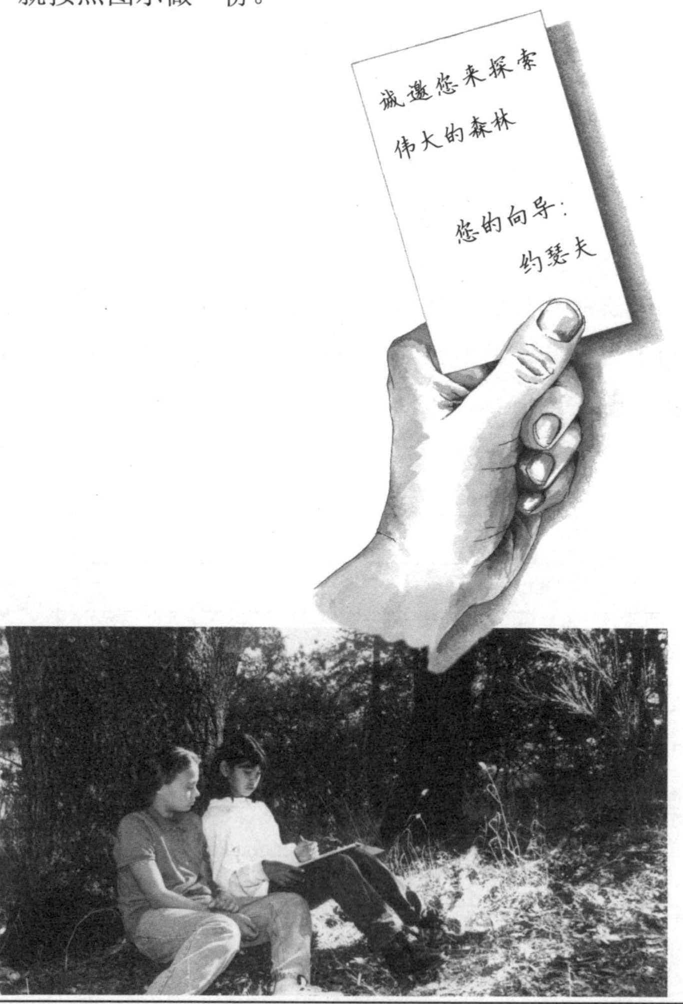

与朋友分享你的天地

让一半的孩子把他们的卡片放在一个帽子里，让手里还有卡片的孩子从帽子里再抽一张卡片，抽到谁的卡就和谁组一组。例如，玛丽抽到了芭芭拉的卡片，玛丽就和芭芭拉一组，两人互换卡片，分享各自的体验和感受。

两人一组的分享结束后，大家集合起来，回顾整个活动。这时，可以分享各自的小天地的名字、画、诗等。我常常让孩子们指出他们自己小天地的方向，以此作为开始。当孩子们伸出手臂，指向四面八方时，总是会有很多笑声随之响起。

第七章的活动只是《大地之心——探索指南》一书中“地球乘客”的一小部分内容。探索自己的一方小天地的主题有：一个大家庭，亲近自然，关爱你的天地，另外还有一些感人的故事能使孩子们感受到他们和自己小天地之间的联系。《大地之心——探索指南》设计有一套活动指南，便于老师使用。

第八章　探　险

为了不受天气、土壤、动物的侵害，人类渐渐地把自己隔绝于自然之外。如此一来，人也就拒绝了自然所带来的生命力和幸福感。其实人类自我保护的本能需要探险精神来平衡。只要我们具有探索的精神，大自然会向我们展示它的力量。

当我在接受自然教育的时候，我听人说加州的印第安人通常晚上到沼泽地猎捕鸭子。在夜幕笼罩下，他们径直地向野鸭走去。后来我看到，书里也这么说。作为一名观鸟者，我多么希望自己也能像印第安人一样，站在水里观察周围的水鸟。

一天晚上，我穿上一条旧裤子和一双旧鞋子，走向我熟悉的沼泽地。当我在黑夜中靠近时，一阵轰鸣声吓了我一大跳——成千上万只鸭鹅正振翅欲飞，随后它们冲天而起，整个天空黑压压一片，另一边则是数不尽的野鸭掠过芦苇田。

我一下子跳到水里去，全神贯注地欣赏沼泽地中摇摇摆摆将要起飞的鸭子和排成“人”字形在空中喧闹的野鹅，完全忘了池水的寒冷。当月亮藏进了黑云中时，我融入了夜幕，四周伸手不见五指，野鸭离我非常近，振动翅膀的呼呼声、喘息声、叫声传进我的耳朵，野鸭仿佛雨点飞溅，纷纷落在我的周围，这一切美妙无比。

忽然，我感到头上有东西。抬头往上看，一只巨大的猫头鹰在我的头上盘旋。由于我仅在水面露出个头，猫头鹰无法判断我是否是个美妙的猎物。在这个危急时刻，鸭子们却在我周围戏水，它们靠得非常近，伸手可及。过了一会儿，我走向浅滩，并且一动不动地站在那儿，一只小鸭子竟然满不在乎地在我双腿之间游来游去。

整个经历是如此不寻常，我不但忘记了寒冷，甚至全然忘我。我花了两三个小时，静静地从一个野鸭栖息的池塘跋涉到另一个，一直到天亮。

与自然如此动人心弦、不同凡响的邂逅，如此忘我的境界，可以让我们忘却烦恼和固执己见的坏毛病。而烦恼和固执己见是我们生命中的误区。心灵一旦开放，人就会生出更多爱。这些美好的记忆也在时时提醒我们，追求更为灵性和敏感的生活方式。

无声狩猎

“无声狩猎”是美洲的印第安人所从事的活动。想去狩猎的勇士必须在森林里或大山里选一处熟悉而且喜爱的地方，然后坐下来，让心绪慢慢平静，留心观察周围的一草一木。如果刚开始惊扰了周围的动物，就耐心地等待周围世界恢复和谐的常态。通常，“无声狩猎”中唯一的念头就是：观察和学习。

进行“无声狩猎”之前，你可以根据自己的目的凭直觉选一块特定的地方。开始保持一动不动，哪怕偏偏头也不行。应

A. 直接体验
B. 宁静、观察野生动物
C. 日夜皆可，任何地方
D. 1 人以上
E. 7 岁以上

尽量小心谨慎，让周围的世界如同你自己不存在般的保持常态。感觉自己是环境的一部分，思想随着树叶儿一起闪光，随着蝴蝶一起翩翩起舞。由于你是静止不动的，有些好奇的动物会凑近了瞧你。有一次，我背后发出一声怪叫，一只神秘的动物向我逼近，当它离我大约只有几步时，我失去了坚持下去的勇气，飞快地转过头去。本以为是只可恶的食肉动物，结果却看见一只野兔逃进了灌木丛。

“无声狩猎”结束后，与朋友们分享各自的感受，能让彼此更加接近。每个狩猎者都可以讲一讲他所看到的植物和动物，以及它们各自的感受。共享这一游戏的收获的另一种好的方式，就是让每个孩子给大家表演他所看到的东西，或是说出他静坐时的感受。若相互间能真正地交流、体验和感受，气氛一定是非常热烈，彼此间更加尊重。

日落时分

夜晚是户外活动的最佳时间。很多动物都非常活跃，易于观察。在最后一抹阳光的照耀下，万物生辉，西方的天空美丽无比。接着，当太阳远离我们而去的时候，几颗星星出现在天边；慢慢地，夜空上群星闪烁。

“看日落”能帮助你观察和欣赏日落时分的景致。下面的单子上列出的是你可能看到的东西（地点和时间决定你所看到的景色），按照时间顺序把它们标出来。比如，你首先注意到鸟儿安静了下来。就在“倦鸟归林”旁边标“1”。如果你接着听到猫头鹰或其他夜行鸟的叫声，就在“猫头鹰在叫”旁边标“2”，以此类推。如果某种变化持续进行，比如色彩变幻的云，你就在旁边多标几个数字，如，“5”、“8”都标在“云朵变换颜色”旁边。

除了观察西天的日落，还要注意各个方向的变化。别担心你错过什么，或者没能精确地按顺序记下来发生的事，在你看见的时候在旁边标上数字就行了。

A. 直接体验
B. 天文、野生动物、宁静
C. 日出或日落
D. 1 人以上
E. 9 岁以上
F. 表格（见下页）、铅笔、电筒

因为你所在的观察地点是独一无二的，所以你可能看到别的事情。比如，也许你看到一群鸟聚在一棵树上，或者一只动物在夜晚来临的时候开始抓痒，鱼儿跃出水面捕食昆虫，或者青蛙在歌唱。当你看到这些特别的事情，在“其他景象”下面列出来，并为每件事编号。

为了看到最美的变化，你最好在实际日落之前 15 分钟赶到观察地点，并且直到日落后大约一个小时内一直呆在那儿。如果你带领一个小组来做这个活动，提前的时间不能超过 15 分钟，这很重要。因为这样，他们无须等多久，就可以观察到光线奇妙的变化和动物的活动。记得带一只电筒，这样你就想待多久就待多久了。

下面的一段文字，你可以在做这个活动时阅读或者和其他的朋友一起分享。

你相信吗？在夜里，我们的视力比熊要好，就和猫一样。

观察日落

地点：______________时间：______________

第一架飞机或第一颗星

长长的影子

蝙蝠在飞

东方被染上了美丽的金色

倦鸟归林

山峰的颜色开始变化（描述）________________________

____

除了西方，天都暗了

猫头鹰和其他夜行鸟开始鸣叫或飞翔

篝火、车灯和房间里的灯亮起来

云开始变幻颜色（描述）____________________________

____

太阳消失在地平线上

我们的视力在夜里很少充分发挥作用，因为我们经常被包围在人造的灯光里。我们的眼睛若在黑暗中适应强光，需要45 分钟时间。

在晴朗的夜空中，你能看到 2000 多颗星星。我们现在已经知道的星星有 10^{18} 那么多。真空中光速约为 3×10^{8} 米/秒，而有些星星离我们如此遥远，以致要用上百年、千年以至百万年的时间光才能到达我们的地球。当你看到一颗星时，也许这缕光明在千年前就开始了漫长的旅程。

观察日落

你所在的地方，影子聚合在一起

昆虫在夜里活跃起来

夜色笼罩了东方的山

天空变成粉红色和紫色（日落后）

月亮升起来

北斗星或者南十字星出现在天边

气温下降

风速和风向发生变化

第一颗流星划过夜空

其他景象：把你看到的其他的事情记录下来并编号，也许你看到一颗卫星，或者听到狼、山狗的叫声。

____

____

____

A. 直接体验
B. 克服恐惧，夜间活动
C. 黄昏或夜晚，任何地方
D. 1 人以上
E. 4 岁以上
F. 手电筒

夜晚的世界

犬吠声、窸窸窣窣声、猫头鹰鬼魅似的叫声都在夜空中回荡。奇怪的声音加深了野外未知世界的神秘。

很多在夜晚能听到其叫声的动物，白天都难觅踪迹，比如猫头鹰和山狗。为了有更多的机会看到这些动物，可以带上手电筒，寻找它们发亮的眼睛。如果你不想让它们看见你，可在手电筒的前部装上一个红色滤镜或包上红色的包装纸，因为动物是看不见红光的。

除了有可能看到动物外，夜行还有其他好处。在夜间，孩子们更善于思考，更喜欢与他人交流。我注意到：当夜幕降临时，一群孩子会靠得更近以相互寻求支持。夜晚一听到有声响，孩子们的话题便自然而然地转向怕黑和有关动物的事。经过多次对恐惧的讨论后，反而能使他们放松下来。在返回营地的路上，每个人都感到轻松又自信。

生存训练

“如果在森林中迷路了，我怎样才能活下去呢？”每个曾经在野外徒步旅行的人都会设想独自一人迷路的情形。没有任何装备，没有食物，如果只有你和野生生物，你生存的机会有多大呢？回答这个问题，取决于你对自然了解的程度。在野外生存，首先必须熟悉自然，并善于利用自然为自己服务。美洲的印第安人能和谐地与大自然相处几个世纪，就是因为他们了解自然。他们不但不害怕自然的力量 ，而且乐在其中。

掌握野外生存的技能，不仅能使我们显得轻松而自信，还有助于我们领悟人与自然与生俱来的相通之处。

野外生存训练是非常有趣的，哪怕只有几个小时，也充满了冒险精神。当你逐渐掌握了这些技能，你可能会希望在某个时候走出去几天或一周以检验自己的能力。

初次去野外，首先要学会用自然材料搭建一个遮风避雨的帐篷。垒城堡是孩提时代的事儿了，在此基础上，给予一些指导，很容易就能把帐篷搭起来。

选择帐篷的地点很重要。若不小心，自以为选定了一块安逸舒适的凹地，实际上是河床，那么一有暴雨，河水就会“欢

A. 激发热情
B. 在自然中生存
C. 日夜皆可，任何地方
D. 1 人以上
E. 9 岁以上
F. 基本装备

快”地从“前厅”经过。下面是一些关于如何搭建干燥、舒适的帐篷的建议：

1. 把帐篷搭在清晨阳光能照到的地方（黎明是一天中最冷的时候），这样能避免夏日午后阳光的炙烤。

2. 不要把小屋建在四季常青的树阴之下，因为一遇雨雪，树叶就会长时间滴水。

3. 靠近水源和燃料（如枯枝、动物粪便等）。

4. 选择通风良好的地方，这些地方夏天里蚊虫较少。

5. 不要建在干涸的河床上。

6. 在帐篷或者周围的地上做些标记，让搜寻者容易寻找。

在练习搭建时，请使用枯死的材料，不要伤害任何有生命的东西；除非在紧急情况下，否则没有任何理由破坏大自然的一草一木。

接下来的训练主题有：寻找水和燃料，架火堆和生火；寻找和准备野餐；用天然材料学做工具；搭建各种各样的木屋；发出求救信号；迷路时保持镇定和稳定的情绪，等等。

A. 分享情感
B. 伙伴、反应
C. 日夜皆可，任何地方
D. 3 人以上
E. 10 岁以上
F. 铅笔和纸

折叠诗

整个小组在自然的游戏中被深深打动之后，我愿意接着做“折叠诗”的游戏，因为在这个游戏中大家能彼此分享情感。这是结束为期一周的野营活动（或徒步旅行，或“一起静静地走”）（见 146 页）的最佳游戏。这个游戏最初的发明者是北加利福尼亚户外学校。

开始时，把孩子分成三人一组，每组合作写一首诗，自己任意选择主题。

每组第一个人写完第一行后，就传给第二个人。第二个人的第一行诗要对前面内容有所呼应，然后写第二行诗。接着把纸折起来，传给第三个人。第三个人只能看到最后一行字。第三个人按第二个人那样写，写完后传给第一个人，由第一个人完成全诗。格式如下：

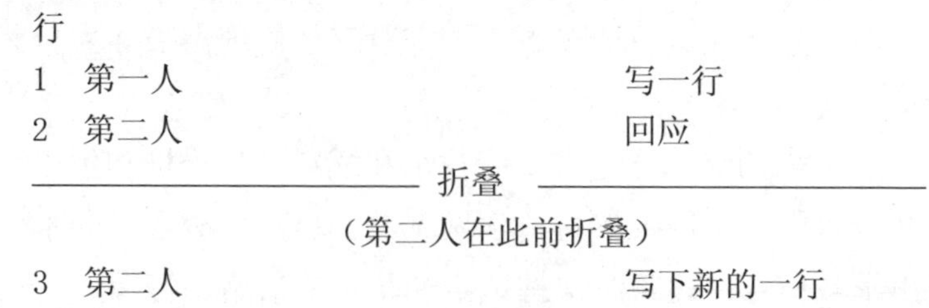

行
1　第一人　　　　写一行
2　第二人　　　　回应

———— 折叠 ————

（第二人在此前折叠）

3　第二人　　　　写下新的一行

4　第三人　　　　　　　　　　　　　　回应

—————— 折叠 ——————

（第三人在此前折叠）

5　第三人　　　　　　　　　　　　　　写下新的一行

6　第一人　　　　　　　　　　　　　　回应

现在分组，发给每组纸和笔，给每组 10 到 15 分钟写诗，如果有的小组提前完成了，允许他们的诗作超过 6 行。全部完成后，每组把自己的作品朗读给大家。你会被优美流畅的诗句所打动。你也可以按照以上的方式，在全班共同创作一首诗。

以下是折叠诗的一个例子。这首诗的作者是艾士力、凯思和保罗，这是他们在苏格兰的艾格斯野外中心做完“树的想象”后完成的诗。

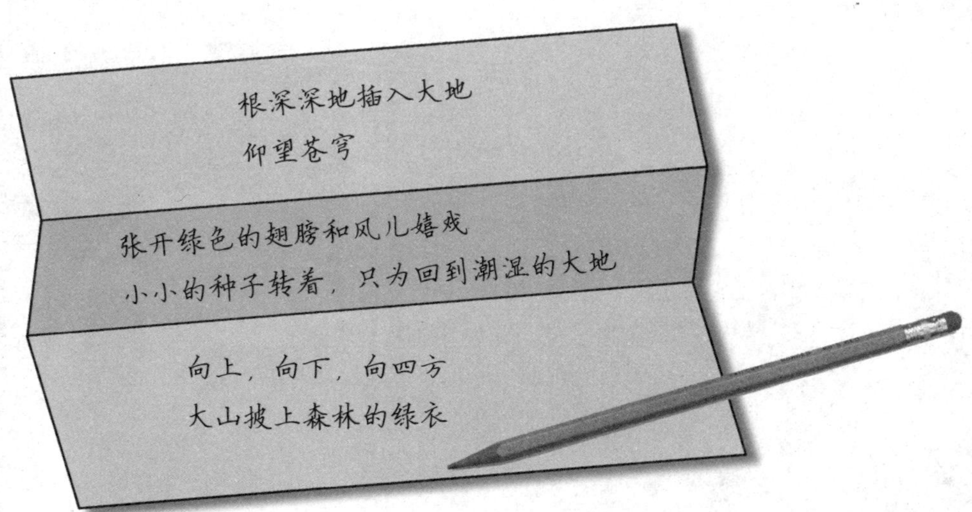

敞开心灵

A. 直接体验
B. 通感
C. 日夜皆可，任何地方
D. 1 人以上
E. 10 岁以上

敞开心灵，与自然和其他生命相互融合，每当这时，我们都感到自由舒畅。我们的心随着海鸥高飞；风儿拂过每一棵树，似乎传递着生命的信息；小鸬鹚扑闪着翅膀，为振翅高飞做着准备；山水奔流击石的隆隆声让我们屏气凝神，心绪澄明。

约翰·缪尔有时因为醉心于在山岭漫步，而使原计划一天的郊游变为长达几天甚至几周的长途旅行。在旅途中，他根本没有准备食物、保暖的衣物、睡袋等基本装备。他完全沉浸在美与孤独之中，让我们听听他此时的内心的独白：

“静静地、漫无目的地走着，细细体验登山的自由……爬上山巅，欣赏美景。沐浴在大自然的宁静之中就好像树木淋浴在金色的阳光中。清风拂面，惬意无比；暴雨袭来，吹落满腔忧愁，宛如秋叶纷纷飘落。”

我意识到，如果能敞开心灵，我们就能像约翰·缪尔那样体验大自然的美妙。只要我们努力去帮助和关心其他生命，这些美好的情感就会在我们的生命中自由地飞扬。

特别活动：一起静静地走

这本书的所有活动中，“一起静静地走”是效果最好的一个活动。静静地走，抛开那些语言和文明的束缚。比如，不穿尼龙面料的鞋子和衣服，因为它们发出的声音很不自然。这项活动平静而和谐的心境，会让我们产生天人合一的感觉，特别是在黎明和黄昏时分，效果特别好。

动物们感受到人的心灵，如果他们觉得气氛祥和，是不会跑开的。（鹿的这种感觉尤为灵敏。）我常注意到，动物对于人类的接近并不感到惊讶，他们不会惊慌失措地逃走，而仅是后退几步，回头看看，满足它们的好奇心。能感受到与动物之间的亲密关系是件非常美妙的事情：我们本是动物世界中的一员，而非局外人，因此我们也是大自然的一部分。

“一起静静地走”需要敏锐的感受力和理解力，所以我仅让那些机敏的、能领会沉默中自有深意的孩子参加。在加州北部一片茂密的森林中，我和 12 个孩子准备进行一次共享宁静的散步。我们先分散，各自静静地待了半个小时，以进入角色。然后，我们沿着一条古木参天、荆棘满地的小路慢慢地向一处高地进发，在那儿可以俯瞰远处的曼海姆大沙漠，鸟儿和昆虫合奏着交响乐，空气也似乎在我们的安静中凝固了。如果某个孩子有了什么发现，他会轻轻地拍拍同伴的肩膀，指指他看到了什么。从孩子们的眼睛里，可以感受到这群男孩的宁静和愉悦。

我们看见一头雌鹿慢慢地朝我们走来，打算在矮树叶下啃食嫩草。当它离我们仅有 1 米时，优雅地抬起头来，安详地看着我们。那眼神至清至纯，充满信任，我们的心都快融化了。从未有过如此强烈地被自然接纳的感觉，这一刻简直难以用语言来表达——就仿佛流浪多年又回到了家。

10 分钟后我们又碰上 3 只沿着道路小跑的山狗。他们像幼犬一样跑近，停下来看着我们，歪着头对我们狂吠不止，似乎对这群沉默的陌生人感到好奇。

我们到达山巅，俯视平原，远眺沙漠。一小时过去了，四周仍然悄无声息，我们沉浸在逐渐昏暗的荒野中。

当一个人能与自然和谐相处时，他与其他人的关系也会变得更加和睦。通过静静地观察自然，我们会发现自己对所看到的一切——植物、动物、石块、土壤和蓝天——所怀有的那份真挚的情感。正如印第安人所说的，人在静谧中，会感觉到万物皆有生命，人亦为生命之子。

我们在自然中发现，我们研究的对象不仅是自然，也是生命本身，自我的本质。

自然是无穷无尽的，而我们所见不过沧海一粟。自然的奇观存在于浩瀚无垠的星空中，存在于无穷无尽的大千世界。然而，自然给了人类一份厚礼，那就是我们认识自己的能力。当我们学会了认识自己和周围的世界后，人才成为大自然最完美的杰作。从另外一方面看，只有人类才能如此透彻地欣赏与关注自然，只有通过人的体验，自然的奥妙才能如此鲜活地体现。

附　录

指鼻子游戏的谜面

1. 我现在动作敏捷，但年轻时并非如此。

2. 我常常在水边捕食。

3. 我以飞虫为食。

4. 我善于飞翔。

5. 有时我色彩艳丽。

6. 我是冷血动物，骨骼露在外面，而不是在体内。

7. 我比老鼠多两条腿，长着一双很大的眼睛。

8. 我长着两对翅膀，像直升机一样在空中飞行。

（蜻蜓）

1. 在湖水、沼泽、海湾和沙滩上都生活着我的同类。

2. 我长着长长的脖子，精力充沛，从颜色上难辨雌雄。

3. 我主要吃鱼类和贝类动物。

4. 我们在岸上筑巢群居。

5. 我的同类常排着整齐的队伍一块飞翔，然后轮流滑行，只在游泳时才有机会捕鱼。

6. 我飞行时喜欢把头转过去放在肩上。

7. 我是一种巨大的水鸟，翅膀长达 2 米多。

8. 我把抓到的鱼存在自己巨大的喉袋里。

9. 我的近亲（我们有着相同的姓氏）只在海边生活，我们这一家子却喜欢到陆地去冒险。前几年因 DDT 的毒害，我们堂兄的数量锐减，今天他们又人丁兴旺了，相信你听到这个消息很会高兴的。

（鹈鹕）

1. 我以那些活的、能被吞下的东西为食。

2. 在冬天，除非待在十分暖和的地方，否则我会冬眠。

3. 我住在潮湿的地方，以躲避夏日的酷暑和冬日的严寒。

4. 我的几乎所有的亲戚都将卵产在水里。

5. 我长得矮胖敦实，跑得不快。

6. 我的几乎所有的亲戚都会唱歌。

7. 我能分泌一种黏稠的白色有毒液体。我有些亲戚分泌的这种毒液，能毒死或麻醉那些妄图吃掉他们的食肉动物（如狗等）。

8. 或许你想到了我的远房堂兄，比起他们来，我的近亲更远离水。有人说，我会让你满身长疙瘩，但事实并非如此。

（蟾蜍）

1. 我的体温比人类高 7 度。

2. 我的每只脚都有两个前脚趾和两个后脚趾。

3. 我飞翔时上下起伏。

4. 我寻食的时候，尾巴上的羽毛能支撑我的身体。

5. 我主要吃那些令树木讨厌的虫子，但也吃蚂蚁、橡子、飞虫、浆果、树液等。

6. 我把家安在自己造的树洞里。

7. 我的喙是用来凿树的。我长长的舌头能捉住树里的虫子。

（啄木鸟）

1. 我的视力不好，但听力和嗅觉十分灵敏。

2. 我的尾巴长约 15 厘米。

3. 我一般生活在森林里或是灌木丛中。

4. 我同类，不论老少，都是爬树的好手，若遇到什么麻烦，我们就爬到树上去。

5. 我的食谱如下：小的哺乳动物、昆虫、各种肉、垃圾、草、树叶、水果、浆果和干果。

6. 当天气渐冷并下雪时，我就躲在家里过冬。

7. 我浑身上下是黑的，有时体重能达到 200 多千克。

（熊）

1. 我既能走路，又能游泳。

2. 我视力很好，但嗅觉不灵敏。

3. 我悉心照顾和抚养孩子。

4. 我的体温保持恒定。

5. 我的同类适应能力极强，能在各种环境下生存。

6. 我喜欢不断改换生活环境。

7. 我用两条腿走路，能说几种不同的语言。

（人）

1. 在极冷和极热的天气里，我的家也是其他很多动物的家。

2. 同身体的其他部分相适应，我的眼睛和耳朵都很小。

3. 我的门牙总是不停地长。

4. 我既可以往前跑，也可以倒着跑。

5. 如果我在野外工作，人类认为对他们是有益的。

6. 我以植物的根、茎、叶为食。

7. 我强壮有力的前足和长长的爪子使我善于掘坑。

8. 如果你想看看我在哪儿工作，便去土堆里寻我。我的工作是翻耕土地以便更多的水能渗进去，因而对人类是有益的。

9. 我的视力比邻居鼹鼠好些。

（鼢鼠）

1. 我用乳汁哺育我的小宝宝，平时常舔舐他们的皮毛。

2. 我身体健壮，而且动作敏捷。

3. 在人与狗间，我更害怕狗。

4. 我喜欢吃很多东西，如啮齿类动物、兔子、鸟蛋、蛙、鱼、昆虫、橡子、水果、各种瓜，腐肉和谷物等。

5. 我把家安在树上，或是石堆、地穴中。

6. 我喜欢夜晚出来活动。

7. 我的手指非常灵巧。

8. 我爱住在溪流或湖水附近。

9. 当我去觅食时，眼上的黑圈能起到很好的掩护作用。我通常在就餐前将食物洗干净。

（浣熊）

1. 如果你想看到我，就到水里去寻找。

2. 我是食肉动物，主要吃昆虫和比我小的同类。

3. 我是个游泳好手，游得很快。

4. 我生活在寒冷的、有大量溶解氧的水里。

5. 春天，我把卵产在清澈的小溪里。

6. 我长得很苗条，光滑而发亮。

7. 我像彩虹一样漂亮。

（鲑鱼）

关于作者

约瑟夫·克奈尔从幼年起就对自然的神奇和美丽有着强烈的意识。当他还是个小男孩的时候，他就痴迷地流连于北加利福尼亚家中附近的湿地、果园和山峦间。

克奈尔长大后的大部分时间都是在户外度过的，他的工作就是把大自然的奇迹向大家加以介绍。约瑟夫在加利福尼亚州立大学完成了理学学士学位的攻读，论文题目是《自然意识的培养》。他在国家奥杜邦协会接受了户外教育的正规训练，接着在公立学校教了八年的户外课程，同时担任美国男孩童子军的辅导员。1979 年，他组织、成立了“共享自然”基金会，目的是为了和更多的成人及老师交流他的自然哲学和教法。

今天，作为世界知名的自然教育家，全球有上万人参加过克奈尔的自然教育研讨班。《与孩子共享自然》已被译成 20 种语言，售出 80 多万册。

万物有灵且美系列

- 温馨风趣的人与动物故事，放射生命与爱的光芒，少数几本能让英国女王开怀大笑的书
- 《时代周刊》、《纽约时报》、《出版人周刊》等权威媒体强力推荐
- 田原、洁尘、马天宇、张子萱等名人联合推荐
- 百万网友推荐2010年度100本好书之一
- 豆瓣、《新京报》年度10大好书
- 畅销全球30年的自然写作经典

本系列有：

《万物生光辉》

《万物有灵且美》

《万物刹那又永恒》

《万物既聪慧又奇妙》

《万物既伟大又渺小》

把追车当做一门艺术的狗，策划群猫暴动的精灵古怪的老猫……动物们的温馨感人喜剧在轮番上演着。大自然怀抱中的乡野风情，多姿多彩的人和动物，构成了一幅绚烂的芸芸众生的画卷。

年轻的乡村兽医哈利，每天开着一辆冒黑烟的老爷车“南征北战”。和恶犬贴身肉搏，随时准备应对母马的“无影脚”……各种让人哭笑不得的“惨痛”遭遇层出不穷。在这里他遇上有生以来最困窘的时刻，也享受到最温暖动人的真情。作者以轻松幽默的笔触，记录乡间行医的点点滴滴，满溢着兽医生活的笑与泪，朴实的人情和土地的智慧。

小莲游莫奈花园系列

- 殿堂级美学与自然教育名作，科普绘本榜单
- 系列图书荣获中国桂冠童书
- 荣获德国青少年文学大奖，热销世界30年，全球31种翻译版本
- 自然科普和艺术的完美结合，提升孩子的综合能力
- 一段来自野外的奇妙旋律，一场充满诗意的四季之旅
- 瑞典大师级童书作家、画家倾情巨献，给孩子的自然与美学启蒙力作

小莲是个好奇的小女孩，关于大自然的一切，她总是有很多的问题：大树有多少岁？蜻蜓有腿吗？树上停着的鸟儿叫什么名字？种子会发生什么变化？……一年四季，春去秋来，让我们跟随小莲的脚步，去解开一个又一个的疑惑吧！

《小莲的自然课》：只要用心去看、去听，就能从自然中受益匪浅。跟随小莲一起探索大自然的奥秘！

《小莲的小菜园》：小菜园，大天地，跟着小莲一起动手，做个小小实践家，动手实操，做个真正的行动派和实干家。